LUIZ FERNANDO GARCIA

NEGÓCIOS à prova do AMANHÃ

Porque construir o futuro da sua empresa começa agora

Diretora
Rosely Boschini

Gerente Editorial Sênior
Rosângela de Araujo Pinheiro Barbosa

Editora Júnior
Natália Domene Alcaide

Assistente Editorial
Fernanda Costa

Produção Gráfica
Fábio Esteves

Edição de texto
Camile Mendrot | Ab Aeterno (coord.)
Leandra Pinzegher | Ab Aeterno

Preparação
Gleice Couto

Capa
Plinio Ricca

Projeto Gráfico e Diagramação
Linea Editora

Revisão
Vero Verbo Serv. Editoriais

Impressão
Gráfica Rettec

CARO(A) LEITOR(A),
Queremos saber sua opinião
sobre nossos livros.
Após a leitura, siga-nos no
linkedin.com/company/editora-gente,
no TikTok **@EditoraGente** e no Instagram
@editoragente e visite-nos no site
www.editoragente.com.br.
Cadastre-se e contribua com sugestões,
críticas ou elogios.

Rua Natingui, 379 – Vila Madalena
São Paulo, SP – CEP 05435-000
Telefone: (11) 3670-2500
Site: www.editoragente.com.br
E-mail: gente@editoragente.com.br

Dados Internacionais de Catalogação na Publicação (CIP)
Angélica Ilacqua CRB-8/7057

Garcia, Luiz Fernando
Negócios à prova do amanhã : porque construir o futuro da sua empresa começa agora / Luiz Fernando Garcia. - São Paulo : Editora Gente, 2023.
192 p.

ISBN 978-65-5544-414-8

1. Desenvolvimento profissional I. Título

23-5600 CDD 658.3

Índice para catálogo sistemático:
1. Desenvolvimento profissional

Nota da Publisher

É muito desafiador empresariar em um mundo no qual a única constante é a mudança. Todos os dias, enfrentamos desafios inéditos. Todos os dias, precisamos aprender algo novo para nos adaptarmos a essas mudanças. E, todos os dias, presenciamos o fim de empresas que não conseguiram acompanhar essas mudanças. A adaptação precisa ser constante para que o amanhã não represente o fim da sua empresa.

Por isso, *Negócios à prova do amanhã* é uma leitura essencial. Com tantos anos de experiência e pesquisa, Nando Garcia desvendou os segredos da adaptação bem-sucedida. O cenário que enfrentamos é incontestavelmente desafiador. A crescente automação e digitalização ameaçam empregos tradicionais, as diferenças entre gerações no local de trabalho podem levar a conflitos e mal-entendidos, e a volatilidade dos mercados exige uma agilidade sem precedentes. Aqui, Nando Garcia entra em cena, porque ele compreende profundamente o cerne das organizações: as pessoas.

Nando explora como a compreensão das motivações, necessidades e expectativas dos indivíduos pode ser a chave para a adaptação empresarial bem-sucedida. Ele desvenda estratégias práticas e insights poderosos para ajudar as empresas a prosperar em meio à incerteza. Este livro é uma bússola essencial para líderes e empreendedores que desejam não apenas sobreviver, mas também prosperar no futuro.

Convido você, caro leitor, a mergulhar nas páginas deste livro visionário. Abrace este convite para navegar pelo futuro com sabedoria e confiança. Sua jornada começa agora. Boa leitura!

Rosely Boschini
CEO e Publisher da Editora Gente

Nunca me cansarei de falar sobre aquilo que eles mais me ensinam: o que é propósito e o que é amor. E, para mim, propósito e amor convergem no mesmo ponto: Lucca, Manuela e Diego.

A meus filhos, que justificam a felicidade da alma.

Agradecimentos

Agradecer muitas vezes pode se assemelhar a nos recordar. Por vezes agradecemos a pessoas, diária e nostalgicamente, por toda a vida, simplesmente por tê-las encontrado em nossa existência. Portanto, nunca vou deixar de agradecer e relembrar três pessoas importantes para o meu direcionamento: Luiz Carlos Osório, Sérvulo Augusto Figueira e, em especial, Francisco Batista Neto, psicanalistas que mudaram o rumo da minha vida. Obrigado!

Gostaria de agradecer à minha mãe e ao meu pai, que me ensinaram a retidão do trabalho, o amor pela estética, a seriedade com as pessoas e o respeito pelo ser humano.

À minha família que, sempre quando algo me incomoda, sei que posso contar. Às minhas tias, às minhas primas, que são tão importantes no meu desenvolvimento.

À Adri, que está ao meu lado, se esforça tanto para me aguentar e que me faz ver que o problema somos nós e não os outros.

Ao meu irmão e sócio, Edu Garcia, que, sempre presente, se mostrou ávido no compromisso e na determinação de viver cada vez melhor ao meu lado.

A responsabilidade de entender o quanto nunca somos sozinhos também me leva a querer agradecer ao João, que passou pela minha vida como sócio e que me fez refletir o quanto o mundo digital não é simples.

À minha equipe da Cogni-MGR, que sempre esteve ao meu lado e me dá suporte à condução de uma jornada apaixonada, contudo, desafiadora. Nunca somos sozinhos. E essa é a grande compreensão que tenho da minha equipe. Em especial, queria agradecer à Ana e ao Wadson, pessoas da minha confiança que sempre estiveram comigo nos momentos bons e nos difíceis.

À Evelyn, que aprende a cada dia a me suportar e a me compreender.

Aos meus novos sócios, Júlio e Vini, por apostarem em um futuro digital. Ao Asshaias, por acreditar, com todo o seu entusiasmo empreendedor, na nova sociedade voltada ao desenvolvimento de pessoas. Agradeço o companheirismo no caminhar juntos.

Queria também agradecer às amizades. Ao Chileno Gómez, que me fez enxergar lados diferentes da vida. A amigos verdadeiros, porém distantes e, por vezes, de passagem: ao Nando de BH, ao Edson Braga, à Ju. À amizade de origem, àqueles que caminharão para sempre com a gente no nosso coração, na nossa memória e no nosso suporte: Celso dos Santos, meu grande amigo de infância.

A algumas pessoas que, pela vida, vamos encontrando e que nos levam a entender a ternura, o carinho e o propósito de serem fiéis e parceiros em momentos de apoio. O Gary, da Companhia Atlética, um homem que admiro e que sei que a experiência promove o respeito recíproco que sentimos um pelo outro.

A empresários e clientes que se prontificaram, dentro das suas condições e possibilidades, a estarem sempre apoiando o meu caminho. Daniel Coimbra, um grande nutricionista. Henrique e Ju, da Via Tricot, fiéis escudeiros. Leandro da Cottonbaby, pela admiração.

Gostaria de agradecer também a clientes especiais que se tornaram cúmplices na jornada de lançamento deste livro: Fabiana, Bruno, Joelma, Maria Cristina, Clair, Virgínia, Tiberio, João Paulo, Giuliana, Vinicius, Rafael, Veridiana, Ports, Alessanfro, Alcino, Keli, Luciano e Luiz.

À Camile, a minha editora, que sempre acredita, se desafia e me acompanha, pois sei que, muitas vezes, estar ao meu lado, como diz um grande amigo, também exige esforço.

E uma das coisas mais importantes: comumente não nos damos o devido respeito e valor, por não percebermos o que representamos e impactamos na vida das pessoas. Mas, olhando para a minha trajetória, tenho a humildade de reconhecer o quanto fui buscar a minha evolução a partir do que notava que precisava me desenvolver para atender aqueles que me procuravam. Nunca me rendi ao meu desenvolvimento e, olhando essa jornada, reconheço a importância dessa obstinação.

É por isso também que não poderia deixar de agradecer aos meus pacientes e clientes, que constantemente me ensinam a ser alguém melhor por meio dos desafios que me impõem e os quais acabam por me forjar um profissional cada vez mais preparado para lidar com a responsabilidade de tratar e direcionar pessoas.

Por fim, gostaria de agradecer a você que se dedicou a ler este livro e a todas as pessoas que cada vez mais entendem a importância da Psicologia para o mundo melhor, seja o mundo dos negócios, da vida familiar, seja da prosperidade pessoal.

E M B A I X A D O R E S

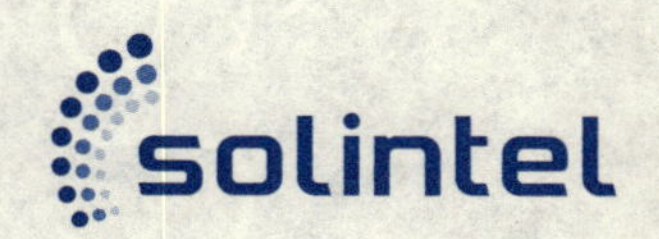

ZCAPITAL

Sumário

Apresentação
12

Introdução
A empresa de hoje:
as dores do negócio
21

Capítulo 1
De onde vêm os problemas?
25

Capítulo 2
Disponibilidade e acolhimento:
combustíveis para a mudança
34

Capítulo 3
Diretriz 1: Contratar
40

Capítulo 4
Diretriz 2: Alocar
67

Capítulo 5
Diretriz 3: Treinar e resolver
85

Capítulo 6
Diretriz 4: Motivar e recompensar
105

Capítulo 7
Diretriz 5: Conviver
126

Capítulo 8
Diretriz 6: Liderar e ser liderado
145

Capítulo 9
Camaleão ou borboleta: quem você escolhe ser?
171

Capítulo 10
O sucesso de hoje não significa o sucesso de amanhã
176

Conclusão
O futuro já começou
182

Bibliografia
186

Apresentação

O cavalo do rei

Existia um grande rei que sabia que seu papel era ajudar os povoados que compunham seu reino. E assim ele o fazia.

Após algum tempo, um povoado que passava por dificuldades para garantir sua subsistência soube da benevolência do seu rei e resolveu mobilizar uma caravana para pedir-lhe ajuda. Mas, como se localizava em terras distantes, a caravana demorou um pouco para chegar até o soberano.

Quando o encontro aconteceu, o rei já não dispunha de mais quase nada que lhes pudesse ser útil. Mesmo assim, o rei não se furtou da sua responsabilidade e do seu compromisso de estar disponível para ajudar o seu reino. Com a boa vontade que lhe era peculiar, ele lhes ofereceu seu melhor cavalo, um puro-sangue árabe que havia ganhado de um xeique.

"Este é o melhor cavalo que uma pessoa pode ter na vida. Ao ouvir sobre os problemas que vocês relataram, acredito que este cavalo poderá ajudá-los a acelerar o processo de plantio. Ele pode arar a terra, carregar a colheita, fazer as entregas com mais agilidade..."

A princípio o chefe do povoado ficou na dúvida se aquele cavalo de fato poderia lhes ser tão valioso no dia a dia. Mas, como "cavalo dado, não se olha os dentes", decidiu levar o puro-sangue junto deles de volta ao povoado.

Antes de partirem, o rei lhes deu um único aviso: "A única coisa com que vocês precisam se preocupar é garantir que este puro-sangue seja sempre bem alimentado".

Eles escutaram o alerta do soberano, mas lhes pareceu algo tão básico e banal que não se preocuparam. Estavam ansiosos para ver no que, de fato, o cavalo poderia ampará-los.

Mal haviam retornado ao povoado e já puderam constatar que, realmente, o cavalo fazia toda a diferença! Ele trabalhava incansavelmente, ajudava em todas as etapas do plantio, carregamento, armazenagem e venda. A vida daquelas pessoas era outra – e muito melhor – com o presente do rei.

Porém, um belo dia, não viram que não havia ração o suficiente para o cavalo, e só conseguiram alimentá-lo com 80% da ração que costumavam lhe oferecer. Contrariando as expectativas, o cavalo pareceu ficar mais potente.

Então, no dia seguinte, alguém sugeriu: "Ele aguentou firme com 20% a menos de ração... E se tentássemos tirar mais 10% do que costumávamos ofertar a ele?".

Eles fizeram isso e, com apenas 70% da ração, o cavalo não mostrou se abalar. Pelo contrário, parecia mais vigoroso, trabalhando e levando a carga para lá e para cá.

E outro alguém, então, deu mais um palpite, como para fazer uma tentativa: "Vamos ver como ele se sai com 50% da ração?".

Nada aconteceu com o cavalo. Ele não se abateu com aquela restrição. Pelo contrário, ele parecia ainda mais forte!

Os palpites foram chegando, aqui e ali: "Deixemos o cavalo com 25% da ração".

E o cavalo trabalhou mais e mais.

"Deem apenas 10% da ração. Olhem só que vantagem! Para que dar tudo aquilo de ração que dávamos, se com apenas uma pequena porcentagem dela ele produz igualmente?"

Mas, determinado dia, ao procurarem o puro-sangue, o cavalo estava morto dentro da cocheira.

A pergunta é...

... quem matou o cavalo?

Freud, que costumava contar a metáfora do cavalo do rei, respondia: quem matou o cavalo foi a ganância.

Eu, contudo, gostaria de acrescentar: quem matou o cavalo foram as muitas manifestações da ganância.

Quando pensamos na ganância, em um primeiro momento, nós a relacionamos apenas à vontade desmedida de ganhar dinheiro, mas, na realidade, hoje, vai muito além disso. Ela se instala em muitos outros aspectos. Podemos olhar a ganância nessa metáfora na maneira como se manifesta nos dias atuais e dentro de uma empresa. E essas manifestações se dão de diversas formas.

A ganância em empreender mata o sustento de empresariar. Querer ganhar demais agora é desperdiçar a capacidade de sempre ganhar no futuro. O imediatismo só serve para uma coisa: ganhar, mas não construir. E este é o primeiro desafio da empresa do futuro: viver para empresariar e não para empreender.

A ganância também pode se manifestar no egocentrismo, em como eu me coloco no centro de tudo. É uma ganância pela atenção. Era preciso tirar o foco de suas próprias necessidades e deslocar a atenção ao outro, ao cavalo: do que ele realmente precisa e como podemos corresponder a isso a partir de uma reciprocidade, e não de uma unilateralidade? É isso o que acontece com os nossos colaboradores, não apenas um dos lados precisa ganhar ou se beneficiar. Será preciso que uma empresa do futuro aprenda tal qual um pai e uma mãe a criar um filho e não somente a exigir dele. Criar condições, propiciar relações, estabelecer vínculos, ter momentos para descobrir um ao outro. Ou seja, o outro deve ser reconhecido como sendo tão importante quanto nós mesmos. Na prática, passamos a ter times de lideranças e não líderes de times.

A ganância pelo tempo, em como disponibilizá-lo e em como exigi-lo. Afinal, o tempo não é só seu, é de todos. O cavalo precisava de tempo. Tempo para descansar, se alimentar, produzir e se cuidar. Era preciso conhecer esse cavalo, suas principais características, suas principais necessidades. Entender se era, de fato, um cavalo para atuar em todas as frentes do trabalho, ou para ser alocado em apenas algumas e desenvolver as tarefas com excelência – tal qual temos que pensar em quem é quem em uma equipe e qual o melhor lugar de cada um nessa equipe. Tudo foi depositado sobre o cavalo. Um time é a soma das competências e não uma competência é a soma das exigências.

A ganância pelo benefício próprio exclusivo. Aquelas pessoas pensaram apenas no que o cavalo podia fazer pelo povoado, mas não no que o povoado poderia fazer pelo cavalo. Como posso ajudar e treinar alguém para que essa pessoa possa ser útil e resolver questões sem que haja um ponto final nesse processo? Não souberam manter esse cavalo vivo para que ele pudesse fazer parte do povoado e solucionar continuamente a questão que tinham, e que retornaria como um problema sem aquele cavalo ali. Resolver não se refere só ao agora, mas, sim, a continuar dando solução no tempo – e não só a tempo.

A ganância em só pensar na própria motivação e na própria recompensa. O cavalo só precisava da ração, e eles o privaram da única coisa de que ele precisava. Conviver com pessoas diferentes implica entender qual o combustível certo para cada pessoa. Ou seja, se a nova geração valoriza mais estar do que ser e demanda reforço positivo para se sentir parte, é preciso motivar e recompensá-la com aquilo de que precisa. É preciso aprender a ceder e a conciliar interesses e necessidades, não apenas líderes se submeterem a liderados ou liderados obedecerem aos líderes.

É preciso, portanto, superar o impulso de ceder a essas ganâncias em prol de olhar e cuidar de cada um dos seres que compõem o povoado – do rei ao cavalo. Bem como é preciso nas empresas, tendo esse olhar de CEOs e presidentes a estagiários e auxiliares. Isso porque todos importam.

Ao contrário do que podemos pensar, a tecnologia não está no centro de tudo e não substituirá as pessoas. Cada colaborador de uma empresa, cada morador de um povoado precisa ser respeitado e valorizado. O que nos torna especiais e essenciais é justamente a capacidade de sermos humanos. Otimizar a produtividade não quer dizer que uma equipe é produtiva. Usar a tecnologia a nosso favor para solucionar problemas é diferente de creditarmos à tecnologia nossos problemas solucionados. E isso ocorre porque o mundo respira, a máquina não. O mundo sente, a máquina não. O mundo se emociona, a máquina não.

É preciso ouvir, enxergar e valorizar as pessoas.

Esse é o futuro.

E se você soubesse o que acontecerá no futuro?

Aplausos são ouvidos. Um homem de meia-idade, com um semblante amigável, vestindo calça social e pulôver rosa entra em um palco. O que é intrigante na cena é que ele vem empurrando um carrinho de carga com um grande tonel preto com muitas inscrições em amarelo.

Vendo o ar indagativo de sua plateia, ele logo se põe a explicar: "Quando eu era criança, a catástrofe que mais nos preocupava era uma guerra nuclear. Por isso é que tínhamos um barril como este no nosso porão, cheio de latas de comida e água. Quando o ataque nuclear ocorresse, deveríamos ir para o porão, nos manter agachados e nos alimentar do que havia no barril".

Atrás dele há um telão gigantesco com a imagem da explosão de uma bomba nuclear. Porém, enquanto aqueles expectadores ficavam ali pensando em quão terrível seria um ataque nuclear, ele quebra as expectativas.

"Hoje, o maior risco de catástrofe global não é assim."

E ao falar isso, aquela bomba nuclear se transforma na imagem de um vírus biológico. E então vem a revelação: vírus da *Influenza*. Seu semblante amistoso agora é sério. Seu cenho levemente franzido demonstra preocupação.

"Se algo matar mais de 10 milhões de pessoas nas próximas décadas, é mais provável que seja um vírus altamente contagioso do que uma guerra. Não mísseis, mas micro-organismos."

O auditório está em silêncio. Talvez por respeito àquele homem, talvez pela consternação de escutar uma mensagem tão fatal.

O nosso orador explica que uma das razões para isso é porque as sociedades investem muito em estratégias antinucleares, mas muito pouco em um sistema que detenha uma epidemia.

A grande mensagem "nós não estamos preparados para a próxima epidemia" é projetada no telão em letras garrafais, vermelhas e pretas, junto com imagens de vírus, injeção, um recorte do mapa-múndi, uma pessoa paramentada com roupas de isolamento antiepidemia e uma cifra de 3 trilhões de dólares negativos.

Ali, de pé, no meio daquele palco grandioso, ele indica com muita veemência os erros cometidos na epidemia do Ebola: não tínhamos uma equipe de epidemiologistas aptos a analisar a situação, não havia médicos preparados para agir, a falta de registros precisos feitos on-line, a letargia para agir contra tal epidemia, e ninguém apto a investigar diagnósticos e tratamentos. Foi um fracasso global.

Para nossa apreensão, ele segue impiedoso com seu prognóstico: "A epidemia do Ebola não foi pior simplesmente por sorte. Da próxima vez, talvez não tenhamos tanta sorte. Pode haver um vírus que deixe o paciente aparentemente bem no estágio contagioso. E a pessoa se sente bem o bastante no início da infecção, a ponto de conseguir viajar de avião ou ir ao mercado. Há coisas que poderiam tornar tudo literalmente mil vezes pior".

Nisso, ele mostra um mapa-múndi sendo preenchido inteiramente por pontinhos vermelhos. Dezenas, centenas, milhares. Freneticamente, dia após dia. E, com essa imagem, ele nos põe a pensar: "Mas e se fosse um vírus que se espalhasse pelo ar, como uma gripe?".

Aqueles pontinhos eram as possíveis mortes por um vírus da família da *Influenza*.

Taxativo, ele diz: "Esse é um problema sério com que deveríamos nos preocupar". E, diante de rostos impassíveis e fechados da audiência – talvez preocupados, talvez descrentes –, ele vai até o fim: "Acho que essa deveria, com certeza, ser uma prioridade. Não é preciso entrar em pânico, mas precisamos nos apressar, porque o tempo não está do nosso lado. Se começarmos agora, talvez fiquemos preparados para a próxima epidemia".

E termina com um leve sorriso no rosto. Seus olhos azuis brilham de satisfação. Ele havia conseguido alertar o mundo do que estaria prestes a acontecer.

Será mesmo?

Aquele homem de negócios era o Bill Gates, o famoso fundador da Microsoft, em um TED Talks intitulado *The next outbreak? We're not ready* [A próxima epidemia? Não estamos preparados], proferido em abril de 2015.[1] O TED Talks é uma espécie de conferência que teve uma excelente aceitação e se tornou um sucesso mundial. Nesse formato inovador, os maiores oradores da atualidade

1 BILL GATES: a próxima epidemia? Não estamos preparados. [*S. l.*: *s. n.*], 2015. 1 vídeo (8 min.). Publicado pelo canal TED. Disponível em: https://www.youtube.com/watch?v=6Af6b_wyiwI. Acesso em: 21 set. 2023.

transmitem uma (boa) ideia em uma apresentação de até dezoito minutos para um auditório curioso e interessado em grandes insights.

Mas, mesmo assim, Bill Gates teve o seu alerta ignorado.

Cinco anos antes da pandemia de covid-19, em que vimos aproximadamente 15 milhões de pessoas perderem a vida, Bill Gates veio a público nos avisar. Ele não estava adivinhando ou "dando um chute", mas, sim, apresentando uma análise fria e lógica da ação humana, de como se relacionava com os fatores biológicos e como subutilizava a tecnologia e os conhecimentos já adquiridos. Ele ainda nos *presenteou* com possíveis soluções, com saídas de como nos prepararmos para quando a nova epidemia chegasse. Mas as pessoas reagiram ao alerta dele?

O que de fato ocorreu foi que Bill Gates foi visto, foi admirado, mas não foi ouvido. Ouvir não é o mesmo que escutar. Ouvir ativamente é pensar no real problema, na situação do que está sendo ouvido. Escutar é não dar tamanho ao que pode acontecer, às suas consequências inerentes da ação, sejam elas positivas ou negativas. Há, portanto, a necessidade de aprendermos a ouvir o futuro, não apenas escutá-lo.

O mundo muda a todo momento

O mundo está mudando o tempo todo e a todo tempo. Novos panoramas, novas diretrizes, novos contextos, novas regras, novos comportamentos, novos normais. Parece que sempre somos surpreendidos por algo que não esperávamos. A todo momento vivenciamos uma reviravolta. Mas, se olharmos de perto, nem todo mundo é pego de surpresa.

Já imaginou se você tivesse acesso a informações privilegiadas? Que trunfo não seria ter o conhecimento que mais ninguém tem! Pense em quantas vantagens isso não poderia trazer à sua vida. Mais ainda: como o seu negócio se destacaria e sairia à frente dos concorrentes!

Mas será que isso é possível? Alguém, em algum momento da história, conseguiu adivinhar o futuro?

Quem nunca ouviu falar de Nostradamus? Provavelmente o "vidente" mais famoso que existiu. Se suas profecias são reais ou não, talvez nunca saberemos, mas o fascínio que ele despertou – e ainda desperta – com seus presságios que revelam acontecimentos futuros é algo indiscutível.

Contudo, não foi apenas Nostradamus que sofreu com o "Complexo de Cassandra", que ocorre quando predições, profecias ou avisos são encarados como notícias falsas ou alertas desacreditados. Cientistas e empresários de hoje, que desafiam o *statu quo* e compartilham sua antevisão dando alertas sobre o futuro da humanidade, costumam ser ignorados.

A habilidade de prever o amanhã

O quão bom seria se houvesse um Nostradamus contemporâneo, que previsse o futuro dos negócios e que, descolando da ideia de adivinhação e misticismo, essa previsão fosse embasada em pesquisas, estatísticas, estudos e análises?

Ouvi-lo significaria ter o poder do mercado em suas mãos, afinal, saber é poder. E todos nós ansiamos conhecer e controlar o porvir. Ainda mais se isso envolver aquilo em que investimos tempo, dedicação e recursos: os nossos negócios. Observe bem, seria preciso **ouvi-lo**.

A vida empresarial, no entanto, não é simples de ser decodificada: há imprevistos, há instabilidades, há barreiras... Vale lembrar, claro, que nada disso é intransponível, afinal, aposto que você mesmo já passou por muito sufoco no seu negócio e ainda assim está aqui para ler este livro e contar suas experiências.

Mas e se passar por tudo o que nos espera em um futuro não muito distante não precisar ser motivo de insegurança? E se você fosse um empresário que soubesse como o futuro dos negócios vai se configurar, para se preparar para o futuro com a segurança de ser a empresa certa na hora certa?

O futuro dos negócios

Tendências mundiais, positivas e negativas, foram e continuam sendo possíveis de serem previstas. Nem todas as pessoas têm visão suficiente para identificá-las e traduzi-las para a vida real, mas isso não significa que essas tendências não existam ou que sejam a prerrogativa de um dom sobrenatural. A habilidade que poucos têm de enxergar as tendências futuras só ratifica que, para percebê-las, como quem "pesca algo no ar", é preciso estar técnica e conceitualmente atualizado, ter pensamento lógico e científico, saber olhar para o futuro sem romantismo ou falsas esperanças, reconhecer que é necessário se preparar para aquilo que está por vir e que podemos – e devemos – nos desenvolver sempre! Juntar tudo isso em um único olhar é difícil, mas não impossível.

Quando o assunto é prognóstico do futuro dos negócios, não se pode deixar a McKinsey e seus diversos painéis prognósticos de fora. A McKinsey, uma firma global de consultoria e gestão, desenvolve pesquisas com os maiores analistas e especialistas sobre o mundo empresarial. Seus painéis são como um farol que põe luz em tendências no mundo dos negócios e que serve como guia para grandes empresas elaborar seu plano de atuação e atender ao que o mercado pede no presente e no futuro.

Isso porque, por um lado, os painéis são como grandes satélites, que têm uma visão global do todo. Eles acompanham o que acontece em todas as economias do mundo, nos diferentes tipos de mercado, os impactos de crises, guerras e descobertas. Por outro lado, também assumem um papel de lupa, ao se debruçarem sobre cada mercado e/ou cenário e irem a fundo nele, investigando o detalhe. E, ao final – por que não? –, podemos compará-los a GPSs que nos mostram a direção a seguir.

A partir de dois princípios, a metodologia de análise desses painéis baseia-se em recorrência e intensidade, descortinar os acontecimentos que ocorrem ao longo do ano e projetar as tendências para o futuro. Ou seja, eles "preveem o futuro" dos negócios.

Durante a pandemia de covid-19 – talvez o grande abalo mais recente que chacoalhou todos os mercados –, as empresas, mesmo as multinacionais, ficaram sem rumo. E foi nesse panorama que requisitaram um painel extra à McKinsey, que funcionasse como um socorro ao desespero no qual o mercado se encontrava. Mesmo sabendo que aquele ainda não era o *timing* perfeito para fazer uma pesquisa prognóstica, era uma medida necessária.

Foi a primeira vez, então, que a McKinsey soltou um painel de uma pesquisa feita a toque de caixa, ainda no primeiro trimestre de 2020, com a análise do que seria passar pela pandemia e, depois, o que esperar após ela. Quando puderam ver as análises feitas pela McKinsey, as empresas se depararam com tendências futuras e com os chamados "novos normais".

Essas pesquisas são como antevisões: visões antecipadas baseadas em fatos. E elas só são mesmo úteis se estivermos no grupo detentor da antevisão. Caso contrário, saber que alguém detém uma antevisão sem que a conheçamos não nos serve para nada – a não ser para saber que possivelmente seremos sucumbidos. Quer dizer, a partir do contato com o painel, ficava a cargo de cada uma das empresas abraçar ou não tais previsões. Cabia a elas decidirem se *ouviriam* a McKinsey e como articulariam todas aquelas informações que lhes eram apresentadas de maneira privilegiada.

Aqui no Brasil, poucos tiveram acesso a esse painel feito em edição especial. Eu fui uma dessas pessoas. Resolvi não apenas *ouvir* a McKinsey, como também aliar a análise que eu fiz daquelas informações com meus conhecimentos em psicologia e empreendedorismo e auxiliar empresários e grandes líderes na difícil tarefa de fazer seu negócio não apenas sobreviver à pandemia, como também crescer com as oportunidades que, acredite, surgiram com ela.

A McKinsey detinha os segredos para um negócio ser bem-sucedido durante a pandemia, e é claro que os grandes empresários estavam sedentos por esses dados. Quem deu atenção aos prognósticos do painel e soube como aplicá-los na prática com técnicas e ferramentas baseadas na Psicologia e focadas em gestão – tal qual orientei e apresentei nos meus Grupos Dirigidos de Psicologia Aplicada a Negócios, os GDs – viu seus negócios renderem e crescerem ainda mais nesse novo contexto. Essas empresas sobreviveram a essa tormenta, algumas passaram por ela com maior ou menor dificuldade. Mas, enfim, todas venceram.

A pandemia já passou, mas o mundo se abalou, os negócios mudaram. E para sempre. E agora?

Agora é preciso se reinventar e se adaptar. É preciso se reinventar e se adaptar *constantemente*. Mais do que nunca, hoje o mundo é dinâmico, é veloz. E atropela quem não acompanha sua velocidade. Esqueça a ideia de um novo normal. O "normal" agora é ser *novo* sempre.

O futuro do seu negócio começa agora. E a chave da sua mudança – e do seu sucesso – está aqui.

Introdução

A empresa de hoje: as dores do negócio

Você abriu um novo negócio e não consegue vê-lo evoluir? Busca incessantemente a estabilidade do seu negócio? Seus clientes vêm e vão o tempo inteiro? Você não tem tempo para si nem para a sua família? Você se ocupa muito com questões operacionais e falta tempo para explorar as oportunidades que poderiam gerar mais receita e crescimento para seu negócio? Não há ninguém que poderia tocar o negócio como você ou em seu lugar? Você convive com dificuldades com as quais não convivia há dez anos ou que nem mesmo existiam nesses anos passados? Você tem dificuldade de lidar com as novas gerações? Tem dificuldade de se adaptar à realidade do modelo híbrido remoto e presencial? Tem dificuldade de acatar as mudanças? Não consegue se reinventar dentro da nova normalidade?

Eu sei o que você vive e preciso lhe dizer: você não está sozinho. As dores do seu negócio são as dores de todos os negócios. E essas dores têm solução. Basta você se transformar em uma empresa do futuro.

Há uma ou duas décadas – nos anos que costumo chamar de "a época do ferro" –, as empresas tradicionais buscavam estabilidade. O principal objetivo de qualquer negócio era criar uma empresa robusta, com aqueles funcionários dinossauros, seguindo um padrão de funcionamento muito centralizado na operação programada e bem consolidada. Você já deve ter visto em filmes esse padrão sendo reproduzido, em que o dono visita a empresa uma vez no mês, os colaboradores se descabelam em busca da meta, todos são contrários à mudança e os líderes são duros ao impor metas e "respeito". Esse modelo de negócio e liderança, porém, não é algo que dialoga mais com nosso tempo. Muito pelo contrário, fuja dele, pois esse modelo está falido.

Para fazer sua empresa crescer no hoje, na contemporaneidade, e ser uma potência do amanhã, você precisa superar esse modelo tradicional e arcaico. Perceba que, hoje, as maiores dificuldades dos negócios estão centralizadas na busca de um objetivo que deve ser deixado no passado. As dores dos negócios estão sendo anunciadas a todo instante, mas, ao mesmo tempo, vêm sendo negadas por muitos líderes e empresários.

A pandemia de covid-19 chegou para desestabilizar os negócios e mostrar que a empresa do passado e a que nasce no presente precisam se adaptar cotidianamente – queiram ou não. O mundo digital e o novo normal trouxeram consequências inimagináveis para a psicologia da gestão, do líder, dos negócios e do indivíduo.

E eu tenho uma notícia: as transformações necessárias hoje – e suas posteriores consequências – não vão parar. Elas vieram para ficar e se tornarão mais complexas com o passar do tempo. Se não passarmos pelas mudanças basilares, com o tempo elas vão se acumulando e vamos ficando presos dentro de uma sala sem janelas, pois as possibilidades de mudança e de acato ao novo que se apresenta vão se tornando degraus cada vez mais largos e altos.

Todo esse panorama parece um pouco desesperador, e eu diria que você realmente deveria ficar preocupado com o futuro se você não estivesse com este livro em mãos. Para mim, o fato de você estar lendo este livro já significa que se abriu para a necessidade de transformação no mundo dos negócios e, quando chegar ao fim destas páginas, vai estar pronto para estabelecer novos rumos em sua empresa. Pense que você está se adiantando, quando comparado aos milhares de empresários e líderes que vivem essa mesma realidade e ainda não entendem muito bem aquilo pelo qual estão passando e como sair das dificuldades tão intrínsecas ao negócio pós-moderno.

Qualquer identificação não é mera coincidência

As dificuldades pós-modernas não estão restritas à empresa. Muitas vezes você se vê em um mundo dominado por uma geração que é diferente da sua, olha para todos os lados e só consegue perceber que as pessoas não criam mais vínculos, que os filhos não saem do celular, que os amigos são mais virtuais que reais e que as pessoas não sabem mais lidar com os problemas, sejam eles materiais ou emocionais.

Na verdade, o que ocorreu no meio do caminho da sua existência e da de milhões de pessoas, entre os muitos acontecimentos, foi o nascimento de uma nova geração que aprendeu a respeitar o **princípio do prazer** em vez do **princípio de realidade**, que você tanto penou para aprender.

Lembra-se daquelas noites em que você passou acordado para trabalhar? E da festa do sobrinho na qual você não compareceu, do jantar de aniversário de casamento em que você chegou atrasado? Pense no quanto você abriu mão da vida pessoal para abraçar o seu negócio ou dar conta do trabalho de uma empresa que nem mesmo era sua... Você se recorda daquela viagem de férias da qual você abriu mão? Do quanto você deixou de gastar para investir em seu negócio?

Você se lembra de tudo isso e fica cada vez mais intolerável lidar com colaboradores que não dão o sangue pelo seu negócio, que não vestem a camisa da empresa para alimentar um sonho tão seu. É um desafio e tanto lidar com as questões geracionais que acompanham o novo normal, pois, além de mudanças técnicas no funcionamento do mundo, precisamos aprender a lidar com as questões individuais e da psicologia do indivíduo. Mas é preciso olhar para tudo isso, analisar, entender e saber como agir diante de algo que para você é novo.

Modernidade × Pós-Modernidade

Valores da Modernidade	Valores da Pós-Modernidade
O absoluto	O relativo
A unidade	A diversidade
O objetivo	O subjetivo
O esforço	O prazer
A trajetória até aqui	A trajetória daqui em diante
A razão	A emoção
A segurança	A experiência

Todos esses desafios nos sacodem, nos forçam a sair da casinha e a abraçar de vez essa nova dinâmica da vida de negócios e, até mesmo, da vida em sociedade. O que importa é saber que você não está sozinho nesse barco. Há mais líderes como você, tentando remar com seus remos de madeira, pegar peixes com as mesmas iscas e viajar em uma canoa herdada do avô.

Está na hora de renovar, de agregar novos valores a esses que já estão tão acomodados e enrijecidos dentro do seu inconsciente. Hoje, o mar está mais agitado, os peixes já não caem nesse velho truque da isca de minhoca e seus remos já não são fortes o bastante para aguentar o fluxo da água corrente. Você é quem vai escolher entre se adaptar ou afundar.

A melhor maneira de prever o futuro é criá-lo.

– Abraham Lincoln

Uma conversa de empresário para empreendedor

Talvez o que eu diga agora não soe muito bem, mas só digo porque sei que posso ajudá-lo e assim o farei: *Você não é um empresário, é um empreendedor.*

E não há nada de errado nisso, pois, sem a fase empreendedora, o empresário não existe. Esses dois conceitos são complementares na criação e no desenvolvimento de uma empresa de sucesso. Mas também não quer dizer que após abrir o CNPJ e fazer a empresa girar por alguns meses, ou até mesmo anos, você será um empresário. Existem camadas para se passar de um patamar a outro.

Se estou certo, você é uma pessoa sonhadora, que olha para o futuro e se enxerga nele. Que sabe que uma hora ou outra as coisas vão dar certo, que sua empresa vai bombar e sua marca será um sucesso. Tenho certeza de que você é uma pessoa de propósitos, pronta para colocar em prática seus ideais fantásticos. Há sonhos que o movimentam e que o energizam para que você consiga mudar o mundo. Eu também sou assim e reconheço que isso é fantástico. E sem essa personalidade, grandes empresas, como Google, Xiaomi, Apple, não teriam nascido. Entretanto, foi necessária a figura de um empresário para planejar, estruturar e organizar a empresa.

Eu estou aqui para isso. Para ajudá-lo a identificar quais foram as principais mudanças que a pós-modernidade incutiu e norteá-lo dentro desse cenário, para que você possa lidar com essas transformações promovendo uma renovação do núcleo da sua empresa, aderindo a essas metamorfoses sem perder o controle da gestão e assegurando resultados.

Neste livro, portanto, vamos falar de empresas, de pessoas, de métodos e técnicas para lidar com pessoas dentro dos negócios, pois lembre-se: sem as pessoas e sem o tato para lidar com elas, empresários e empreendedores não vão conseguir transformar seus negócios na empresa do futuro.

Capítulo 1

De onde vêm os problemas?

De onde vem a instabilidade?

Todas as dores que acometem empreendedores e empresários não são coincidências, elas são consequências da pós-modernidade em que você, eu e todos nós estamos inseridos. É preciso entender que esta é uma época marcada pela ágil difusão de informações, pela rápida mudança nas relações interpessoais e, principalmente, pelas variações incessantes que acometem o ambiente, macro e micro, causando transformações gerais na dinâmica da organização social. E isso gera muitos efeitos colaterais na sociedade e no mundo dos negócios.

Até o final do século XX ainda havia uma visão estável e quase imutável acerca de conceitos como ordem, progresso, verdade, leitura de realidade, exploração, barreiras, privacidade, solidez, entre outros termos que tinham contornos muito claros e bem definidos. Perceba que você conhece muito bem essa antiga realidade, que você persegue essa estabilidade, que não sabe lidar tanto com essas questões de privacidade on-line nem como as Inteligências Artificiais podem moldar a realidade virtual. Porém, com a virada para o século XIX, esses conceitos foram sendo, além de questionados, desafiados pelos acontecimentos e pelas descobertas cada vez mais velozes e disruptivas. Ainda estamos nos acostumando com essas novas tecnologias e maneiras de vida que nos impõem a vertiginosa adaptação às consequentes renovações desse período – e, mesmo assim, elas não param de acontecer, não esperam até que as tenhamos entendido e estejamos acostumados a elas.

Além de toda a nova movimentação social pós-moderna, estamos nos conscientizando dos novos normais postos pela pandemia de covid-19. São muitas imposições consequentes que a natureza e a evolução propõem todo dia. De maneira alguma será fácil lidar com essas forças externas que nos chacoalham a cada instante. Portanto, não há saída! A única maneira de se estabilizar no mundo é se desestabilizando, quebrando seus paradigmas e se mantendo aberto e disponível às mudanças, pois elas são resultado das contínuas transformações que se dão no campo político, econômico, sanitário, tecnológico e filosófico.

O tripé das dificuldades dos negócios pós-moderno

Pense nas dificuldades que a estagnação gera na sua empresa, na sua vida, no seu empreendimento que ainda não encontrou a força de que precisa para crescer.

O primeiro passo para começar a resolver esse problema é identificar como o contexto tem impossibilitado ou dificultado o crescimento, para depois adentrar um método capaz de ajudá-lo a lidar com toda a novidade com que você se depara. Sem ter a consciência objetiva do impacto que isso causa em sua empresa, não será possível sair do lugar e da velha corrida do cão atrás de seu próprio rabo.

No meu dia a dia, em que alio meu Notório Saber em Empreendedorismo e especialização na mente de empresários, ao atuar como psicólogo de grandes empresários, presidentes, CEOs e personalidades, monitorar os Grupos Dirigidos de Negócios e palestrar nas imersões Negócios de Resultados, ouço relatos e noto o panorama atual das empresas. Analisando tudo que chega a mim, percebi três pontos que englobam grande parte dos problemas que acometem os grandes líderes que ainda tentam gerir como se geria há dez anos – e vou compartilhá-los aqui com você.

Dificuldade do empreendedor em tornar-se empresário

Nós somos o país em que mais nasceram CNPJs no mundo, nos últimos anos. Segundo o Mapa de Empresas, elaborado pelo Ministério do Desenvolvimento, Indústria, Comércio e Serviços (MDIC) em parceria com o Serviço Federal de Processamento de Dados (Serpro), somente em 2022, o Brasil teve mais de dois milhões de novas empresas abertas no primeiro semestre. Isso evidencia que, por mais difícil que seja enfrentar crises e viver dentro de um cenário global desfavorável para a maioria dos negócios, a mente do brasileiro é empreendedora. Entretanto, grande parte das pessoas que colaboraram para o aumento dessa estatística ainda não sabe empresariar para garantir a sobrevivência da sua empresa, pois, para fazer com que uma empresa sobreviva, não bastam boas ideias, é preciso saber conduzir um negócio.

Enquanto empresários sabem gerir e priorizar as necessidades "biológicas" empresariais, empreendedores são indolentes, são movidos pelo "desejo de fundar uma dinastia própria, [com] vontade de vencer e alegria de criar"[2] e, por vezes, acabam, de maneira inconsciente, negligenciando as necessidades de um negócio. Isso acontece porque os empreendedores são as figuras criativas, associadas ao desequilíbrio, pois rompem com o contexto estável de mercado que estava estabelecido anteriormente para apresentar algo inovador ou disruptivo.

Se você se enxerga nesse cenário, se você se vê como a figura responsável por inovar, é bem provável que, ultimamente, você também se pergunte o porquê de não reter o dinheiro no seu negócio, ou para onde vai tudo o que conquistou em um ano de trabalho intenso ou ainda o porquê de você trabalhar tanto e não ver o crescimento material.

Essas são queixas comuns das figuras empreendedoras que ainda não se encontraram na gestão pós-moderna. Como para a mente empreendedora é muito importante estar em movimento, é difícil manter a solidez essencial de qualquer empresa: a estabilidade financeira, uma vez que fazer dinheiro não é o mesmo que reter esse dinheiro e retroalimentar a empresa com ele.

Imagine que o mundo está em movimento e o empreendedor é um ser que também está movimento. Com essa dinâmica, nenhuma raiz se cria e as empresas acabam com uma cultura corporativa incapaz de se consolidar dentro de um contexto que demanda atualização constante.

O comportamento de um empreendedor está pautado na autoconfiança, na orientação para resultados, no gosto pelo risco, na liderança e na originalidade. No entanto, para um negócio se estabelecer e perpetuar, ele precisa de um empresário que lhe garanta uma base sólida e conduza um time com segurança e propriedade.

Já os empresários sabem consolidar uma empresa. Eles priorizam a gestão do negócio, atendendo às necessidades da firma com o olhar para o futuro, e não apenas mantendo o foco em resoluções práticas que apagam incêndios temporários ou com ideias inovadoras que pipocam a todo momento, mas não têm uma estratégia de continuidade.

A gestão empresarial feita com o olhar de um empresário está em pequenas atitudes do dia a dia comum a qualquer empresa. E isso deve ser aprendido e priorizado por todo líder de negócio. Essa condução vai desde conseguir ter uma retenção financeira até não mais realizar contratação de amigos e familiares por uma pequena gentileza. Quanto você, empreendedor, já não fez pela sua empresa para sua satisfação pessoal e a daqueles que o circundam, relegando a segundo plano o bem-estar e a solidez do seu negócio?

---

2 MCCLELLAND, D. C. **Sociedade competitiva**. Rio de Janeiro: Expressão e Cultura, 1972.

Capital humano também é capital

Além da problemática sobre reter capital financeiro, o conceito de "reter" e sua necessidade também se estendem ao capital humano. Uma empresa consolidada sabe também reter seus colaboradores.

Uma vez atendi um dono de uma pequena empresa de comunicação. Ele tinha dificuldade em reter talentos. Não sabia mais o que fazer para que seus colaboradores acreditassem na empresa e quisessem se manter nela. Ele veio me pedir orientação, mas de cara me alertou: "Não tenho cacife para segurar talentos ofertando salários estratosféricos". Perguntando e investigando o caso dele, percebi que ele não precisava de colaboradores sêniores, mas, sim, jovens talentos que aprendessem e vestissem a camisa. Então sugeri: "E se, em vez de dar altos salários, já que não tem como fazer isso, você desse benefícios que eles de fato valorizassem?", e expliquei para ele as características e os valores de cada uma das gerações (algo que você também vai conhecer no Capítulo 7). Depois de um ano, ele me reencontrou e contou que seus colaboradores passaram a ter feedbacks positivos constantes, curso de inglês pago pela empresa, plano de academias e bem-estar, workshops e cursos de aprimoramento constantes, reunião semanal em que todos opinavam sobre os projetos e agregavam ideias, monitoria psicológica, além de comemorarem aniversários juntos e almoçarem fora para celebrar os grandes projetos encerrados. Nunca mais nenhum colaborador tinha pedido para se desligar da empresa.

Hoje, grande parte dos empreendedores enfrenta um desafio geracional. É preciso aprender a lidar com os colaboradores mais novos, que nasceram nas gerações mais recentes e exigem mais flexibilidade para poderem "funcionar" e performar. Isso impõe adaptações no modelo de gestão de um empreendedor das antigas, para que seus colaboradores também sejam retidos e o *turnover* das equipes seja um problema a menos dentro da empresa.

Dificuldade em aceitar a adaptação constante

Você deve ter percebido que a principal característica pós-moderna é a velocidade da mudança e a velocidade da necessidade de adaptação constante, algo que nos persegue o tempo inteiro. De um dia para o outro, a loja de roupas do bairro precisou de um site, depois teve que fazer um perfil no Instagram e, quando menos esperou, tornou-se um negócio totalmente digital.

O segredo para a empresa do futuro é abraçar a mudança e a flexibilidade. É aprender a aprender e a se manter em constante adaptação ao novo que se impõe. Se lutarmos contra essa realidade, o mar da vida nos engole e viramos somente mais um grão de areia no fundo do oceano.

Em uma empresa em mudança constante, nenhum conhecimento ou habilidade permanece estático, ou seja, aquilo que se aprende em cursos, universidades e escolas rapidamente se torna obsoleto, pois o aprendizado nunca mais será fixo e estável. Reciclar-se, nesse novo normal, passa a ser obrigatoriamente uma preocupação de qualquer colaborador e de qualquer dono de negócio.

Muitas vezes, porém, é difícil abrir mão de muitos dos valores que inauguraram nosso negócio para abraçar tanta coisa nova ao mesmo tempo. Quando um recém-empreendedor ou mesmo um empresário muito bem consolidado, com esquemas fixos já postos em sua empresa, se depara com a quantidade de mudanças que precisa dar conta, ele se assusta, o que pode desestabilizar a autoconfiança do negócio.

Uma vez, atendi um homem de 67 anos que precisava vender seu negócio que faturava 200 milhões de reais por ano. Durante o processo de venda, eu observava que ele colocava muitos entraves que impediam a negociação: havia muitas cláusulas e parecia que ele não queria, inconscientemente, vender o patrimônio. A mente dele estava dura como ferro – para ele, era tudo ou nada. Conhecendo-o um pouco melhor, percebi que ele tinha questões não negociáveis e que o ideal era vender parte da empresa – e não ela toda –, para que ele ainda pudesse gerir e ter o poder de escolha dentro daquilo que construiu ao longo da vida. Era imprescindível fazer uma venda levando em conta o afeto que ele tinha por aquele negócio tão promissor. Aos poucos, a mentalidade dele se tornou mais flexível, e, assim, ele conseguiu realizar a venda e, ao mesmo tempo, se manter no negócio.

Esse caso me ensinou que precisamos mudar o material de composição da nossa consciência e torná-lo mais maleável e pronto para aceitar o meio-termo, um lugar que é bom para mim e bom para você.

O mundo mudou, as relações e os papéis sociais também mudaram

Além de entender o meio do caminho, é preciso compreender que a pós-modernidade também modificou as relações, principalmente, as relações de gênero e a relação entre as gerações. Hoje, as mulheres já não querem mais viver em uma empresa em que estão à sombra da figura masculina, muitas vezes, representada pelo pai ou pelo marido. A mulher precisa e quer algo que satisfaça suas vontades financeiras e de crescimento pessoal. Isso gera no homem, inconscientemente, um sentimento desconfortável, parecido com a castração que passou quando era apenas um menino apegado à sua figura materna. Mas o mundo mudou! Agora, as mulheres criam os próprios negócios que, na maioria das vezes, se mostram muito mais promissores, já que são melhores ao abraçar o diferente e detêm a flexibilidade inerente à condição de viver no funcionamento das novas gerações. O mais importante agora é estar e ser e não mais apenas ter.

Os empreendedores que aprendem a empresariar estão prontos para lidar com essas mudanças na dinâmica social, pois sabem que é necessário para a sobrevivência do negócio. Os empresários estão sempre prontos para se desenvolver e para renunciar a crenças limitantes em prol do que é novo e promissor. Mas quem chegou ao patamar de empresário que sabe crescer dentro das novas dinâmicas teve de aprender a lidar com a reestruturação de uma estrutura cognitiva, o Esquema Cognitivo Referencial Operativo (ECRO), pois só após mudar esse núcleo duro e inserir novas ancoragens – novos aprendizados praticados e incorporados – eles ficaram mais flexíveis e sujeitos a aceitar a mudança da cultura corporativa.

Para entender como isso funciona, pense que você está em chão firme, no qual precisa andar, mas, de repente, é necessário equilibrar-se em um só pé para se locomover. Será desconfortável, será desestabilizador, mas é imperativo entender que viver assim, trocando de pés, andando com as mãos, de costas ou de lado, será o novo normal.

Dificuldade para construir vínculos com os consumidores

Com esse movimento veloz de mudança, todos nós, empreendedores ou não, somos domados pela força centrífuga, na qual as pessoas tendem a se afastar cada vez mais dos afetos e das relações duradouras. Os nossos vínculos são efêmeros e mais rasos; fazemos amizades reais, mas o volume das virtuais só cresce; estamos sempre buscando um produto novo, inovador; trocando a loja onde compramos nossas roupas; e entrando nas redes sociais tentando ver algo diferente e interessante a cada segundo. Esse movimento nos afasta da constância, do afeto e da criação de vínculos com raízes profundas.

A tendência centrífuga também afeta a relação consumidor e mercado, pois torna os clientes menos leais e modifica a relação de apego que eles criam com a empresa. É preciso saber estabelecer uma força centrípeta que atraia os consumidores para a empresa, que os conecte com a marca e com os produtos.

Teoria do Apego

Para entendermos essa relação de força centrífuga × força centrípeta, precisamos passar rapidamente pela Teoria do Apego, estudada por John Bowlby, desenvolvida para compreender como os seres humanos criam conexões psicológicas e duradouras entre si, a partir da relação construída entre bebês e cuidadores. Após anos de estudo e observação, foram considerados quatro tipos diferentes de apego: o seguro – aquele que buscamos na relação com os nossos consumidores –, o evitante, o ambivalente e o desorganizado. Aqui, vamos analisar cada um deles a partir da relação entre empresas e consumidores.

O **apego seguro** seria caracterizado por aquela empresa que está sempre presente, respondendo imediatamente às necessidades do seu consumidor com prontidão e consistência. Por isso, é importante a quase onipresença das empresas, tanto no ambiente digital, quanto no presencial. Além disso, a rapidez na entrega, a qualidade dos produtos também de maneira constante é essencial, pois erros já não são mais admitidos, uma vez que os consumidores não se apegam e não criam vínculo afetivo antes das três compras de sucesso e após a empresa virar uma figurinha constante na vida do consumidor.

O **apego evitante** caracteriza a relação entre empresa e consumidor quando a expectativa é imediatamente quebrada. A empresa pode prometer um serviço ou um produto e não cumprir com a entrega, enviar com defeito e acabar gerando estresse dentro da relação mercadológica estabelecida. Se esse tipo de apego é estabelecido na primeira compra, o consumidor raramente voltará àquela empresa para dar uma segunda chance.

O **apego ambivalente** é caracterizado, principalmente, pelo medo do abandono. É marcado pela escassez de uma empresa que se faz presente, mas às vezes decepciona o consumidor pela falta de produto ou serviço – porém, o meio digital não admite a escassez. E estamos na era do digital. Sempre que um consumidor procura algo no digital, ele busca o imediatismo e a abundância, e, se acabar se deparando com a falta, vai desistir e procurar outra empresa que ofereça o mesmo.

Já o **apego desorganizado** está ligado a um comportamento imprevisível e inconsistente no cumprimento das necessidades básicas do consumidor. A principal característica das empresas que se enquadram nesse tipo de apego é que elas são muito empáticas, mas não conseguem cumprir com o que vendem e decepcionam o consumidor com aquilo que entregam.

Conhecendo o nível de apego dos clientes

Você consegue identificar alguns dos traços de cada tipo de apego na relação da sua empresa com seus clientes?

Responda a este breve questionário sobre a percepção do seu negócio e identifique qual é o nível de apego que tende a existir por parte dos seus clientes em relação à sua empresa.

Dê uma nota de 0 a 3 para cada uma das frases a seguir, sendo 0 nunca, 1 raramente, 2 eventualmente e 3 sempre.

	Frase	Nota
1	O cliente que não é correspondido pela sua empresa se sente desapontado ou frustrado?	
2	O cliente que é atendido pela sua empresa, quando apresenta uma queixa, manifesta-se com a crença de que a empresa vai resolver o seu problema?	
3	O cliente, quando procura a empresa e manifesta um problema com o produto ou serviço, faz algum tipo de ameaça?	
4	O cliente, quando atendido, é paciente com o atendimento e com a empresa de maneira geral?	
5	A empresa é capaz de prever sobre o que o cliente vai se queixar ou o que ele vai reivindicar, quando ele entra em contato a respeito de determinado assunto?	
6	O cliente, quando tem um problema, cita um concorrente que possa substituir seu produto ou serviço?	
7	Quando a empresa dá um prazo para resolver o problema do cliente, ele aguarda ou entra em contato insistentemente até resolver a situação?	
	Total:	

Ao final do questionário, some as notas que você atribuiu. Você pode ter de 0 a 21 pontos. E, de acordo com o resultado, teremos a seguinte análise de modo geral:

- *Abaixo de 14 pontos*: Entre os seus clientes, predominam o apego inseguro e o apego ambivalente. Na prática, isso quer dizer que os clientes esperam por uma ação efetiva, como o ganho de um brinde ou um produto ou serviço especial que eles possam receber em loja, para que, lentamente, possam recuperar o apego seguro. Se não existirem ações desse tipo, você corre grande risco de perder o cliente por conta da infidelidade própria do contexto pós-pandêmico.
- *Acima de 14 pontos*: Seu cliente já tem um apego seguro estabelecido com a sua empresa. Mas isso não significa que será para sempre assim. É preciso que você esteja sempre atento às posturas e ações dele, para agir e reagir à altura e a tempo de manter este vínculo e perpetuar a relação de vocês.

Perceba que, com o novo normal caracterizado pelas relações fluidas e sem vínculos, o consumidor só voltará à sua empresa e desenvolverá fidelidade se o apego seguro for estabelecido. Mesmo que haja uma tremenda identificação, como um *match* perfeito, entre o que a sua empresa oferece e o que o consumidor espera, a perfeição na entrega precisa ser cumprida. A identificação de um indivíduo com uma marca, com uma empresa, é temporária, somente a consistência na presença e na satisfação das necessidades vai construir uma relação em que a força centrípeta prevaleça. A vez agora é a do foco no cliente.

Conscientizou?

Quando você entende esses problemas gerais estabelecidos pela pós-modernidade e pelos novos normais, compreendendo que os conflitos vão ocorrer e que você precisa se adaptar à melhor gestão de equipe, à melhor construção de vínculo e, principalmente, à melhor maneira de se manter em adaptação, você entende que a mudança é uma característica inerente à empresa do futuro e que é preciso aderir aos novos valores para estar preparado a adaptar-se constantemente.

Para manter-se em adaptação constante, é preciso estabelecer uma cultura corporativa bem enraizada e preparada para receber essas mudanças e trabalhar junto a elas.

Perceba que não valerá de nada manter uma postura de revolta diante da mudança. Será muito mais edificante manter-se proativo, saber reconhecer e tirar proveito daquilo que é novo e gera insegurança.

Não será fácil, mas é possível.

Precisamos primeiro trabalhar, dentro de nós mesmos, com a aceitação do que é novo, exercitar a nossa paciência, nos encorajar para desafiar o medo, aprender a lidar com o desconforto e com o sentimento de incerteza que a mudança cultural proporciona. Se você aprender a se reestruturar internamente e a lidar com essas questões na sua empresa, usará o que abalou o mundo a favor de si, dos resultados e dos ganhos materiais.

E é exatamente para que você saiba como fazer isso que apresento neste livro o método **O Futuro Começa Agora**.

Capítulo 2

Disponibilidade e acolhimento: combustíveis para a mudança

Faltavam três dias apara o Dia dos Pais. Apesar de estar ansioso por passar aquele dia com seus filhos, já na casa dos vinte e poucos anos, Carlos sofria pelo que esperava acontecer: eles chegariam da casa da mãe, com quem moravam, pouco antes do almoço, comeriam sem muitas delongas e falando apenas amenidades, como sobre o clima na cidade e uma série nova a que estavam assistindo na Netflix e, mal terminada a sobremesa, os filhos já diriam que tinham um compromisso e logo partiriam, ou mesmo ele sempre marcava algo para o mesmo dia, já contando que ficaria pouco tempo com os dois. Definitivamente não era aquilo que Carlos queria para aquela data especial. Então, resolveu criar uma estratégia para, de fato, desfrutar um tempo com os jovens. Ele não sabia se daria certo, mas valia a tentativa.

Ligou por vídeo para Bia e Edu naquela mesma noite.

"Quero fazer um convite pra vocês. No Dia dos Pais, não quero aquela pressa toda que a gente sempre tem. Vamos preparar o almoço juntos e aproveitar o momento? Edu pode comandar o prato principal, que tal fazer aquele Bife Wellington que você manda bem, com umas batatas? Bia, topa fazer a mousse de maracujá que só você sabe e preparar uns drinques pra gente? Sim! Entendo a cara de espanto de vocês: eu nunca bebo... Mas pra comemorar o Dia dos Pais queria me presentear saboreando uns drinques bacanas e batendo papo com vocês sem hora pra acabar. Topam?"

Os filhos toparam. E até mesmo ficaram animados com aquele convite-surpresa do pai. Nunca haviam feito aquilo antes! Nunca tiraram um tempo para ficarem assim, aproveitando a companhia um do outro.

Enfim, o Dia dos Pais. Bia e Edu chegaram às dez e já foram logo falando que não aceitavam ir embora de lá antes das oito da noite.

Carlos já tinha providenciado os ingredientes para tudo e os organizado estrategicamente entre a pia da cozinha, a bancada ao lado dela e o balcão do passa-prato. A ideia era ficar todo mundo pertinho mesmo, assim a interação teria que acontecer de qualquer maneira – nada de cada um se fechar no seu mundinho ou na sua tarefa.

Enquanto o prato principal assava no forno e a sobremesa gelava, eles se sentaram ao balcão da cozinha americana e conversaram. Bem... Carlos, para além de conversar, observava e analisava a cena.

Bia mal dera um gole na caipirinha de limão com amora e começou um verdadeiro inquérito: "Fala, Edu, quem é ela?".

"Ela?"

"Sim! Nada de esconder o jogo. Quem é a *crush* da vez e por que ela tá tirando seu sossego?"

Bem, conversa vai, conversa vem, Edu revelou que tinha conhecido a Nina em um barzinho perto da faculdade. Aliás, ela morava ali do lado. E, por comodismo, ele estava, desde então, ficando durante a semana na casa dela, para ser mais fácil ir para a faculdade. Bia achava que não era nada de comodismo, era paixão mesmo. Carlos só analisava a conversa dos irmãos, dava linha aqui e ali para o papo continuar. Ele queria mesmo era ver aonde aquilo ia chegar.

Até que chegou.

"É, tá certo... É isso, mana. Eu falei pra Nina: 'Pô, então vamos namorar'. E acho que estamos namorando. Mas ela me dá uns perdidos! Mando mensagem de manhã, ela só me responde no final da tarde. Pergunto se vamos nos encontrar com os amigos dela e ela diz não saber ainda... Isso está me deixando louco!"

"Ah, sabia! Mas, pera aí, Edu, você não conhece a Nina só há quinze dias? E ela não passa o dia inteiro trabalhando na loja? O que você quer? Acho que o problema é você, sua insegurança. Dá nisso sempre ter fugido de namoro! Mas me deixa entender mais uma coisa, o namoro de vocês é aberto ou não?"

"Por que você me pergunta isso, Bia? Por acaso, o seu namoro com o Léo é aberto?"

"Ué, e por que não seria?"

Carlos tentava fingir normalidade. Ele era de uma geração em que ter se separado já não havia sido algo tão trivial. Foi uma decisão que tinha um peso muito grande. Imagine só isso de morar com a namorada tendo-a conhecido apenas há quinze dias? Ou então ter um namoro aberto? Tudo aquilo era *muito* fora da realidade dele. E ele nunca teria sequer cogitado que seus filhos viviam aquilo se não tivesse se disponibilizado a estar ali com eles: de corpo e espírito presente, sem pressa, sem compromissos, sem uma pauta de algo prático da vida a resolver.

Indo além disso, ele nunca teria tido a chance de orientar seus filhos, de contar suas experiências, de mostrar caminhos possíveis e conduzi-los para que as inseguranças e frustrações cessassem ou, pelo menos, se resolvessem.

A proposta era exatamente aquela: se disponibilizar a ouvi-los, a acolhê-los, a conhecer a vida deles e suas questões e exercer seu papel de pai, de facilitador, de guia. E era justamente essa postura que ele decidiu adotar dali em diante.

A conversa continuou e fluiu muito bem. Conselhos, risadas... assombros (disfarçados de normalidade). Mas também abraços acolhedores e palavras conselheiras.

A relação deles se transformou. A vida se transformou. Para melhor. E tudo isso simplesmente porque Carlos decidiu se abrir para estar disponível por completo para seus filhos.

Assim como uma mudança na nossa postura diante da vida, da nossa família, dos nossos filhos pode não ser nada simples de ser colocada em prática, uma mudança da cultura corporativa não é fácil de ser feita. Análises, percepções, estudos, treinamento, desenvolvimento... é preciso muitas ações e muitos processos. Mas, para que de fato uma transformação ocorra, ela deve ser encabeçada pelo líder – seja ele o pai, a mãe ou o empresário.

É lá da ponta mais alta da hierarquia da empresa que deve vir não só o exemplo, mas também a disponibilidade de escutar e acolher todo o seu time, para que, então, ao compreendê-lo em seus detalhes e suas particularidades, a semente da transformação consciente e consistente seja plantada.

A pós-modernidade nos traz um panorama complexo e permeado por muitos paradoxos. Novos normais estão sendo vividos, novos parâmetros, estabelecidos. Do líder, demanda-se não somente *emprendariar* – empreender empresariando –, como também ouvir para compreender colaboradores e consumidores, acolhê-los e empoderá-los. E, para isso, uma das mais potentes ferramentas de que dispomos hoje é a Psicologia.

Formar para o futuro

Ao criarmos filhos, por exemplo, temos a preocupação de formá-los para o futuro. Mas essa educação para o amanhã não é simples: primeiro porque nem sempre controlamos os fatores externos, os acontecimentos globais, as mudanças no ambiente que os envolve; segundo, porque precisamos nos aproximar deles, nos colocar como aliados, para que possamos ensiná-los, guiá-los e até corrigi-los, trilhando uma linha tênue entre cativar e repelir.

O trunfo para uma formação sólida que, de fato, os prepare é estar disponível para desempenhar o seu papel de pai/mãe e atuar intencionalmente de acordo com os conceitos da Psicologia para gerar vínculo, acolhimento, segurança e confiança. É a psicologia aplicada na criação dos filhos que desenvolverá seu caráter colaborador – característica-chave no nosso tempo –, que servirá de modelo para que entendam a lógica do ajudar para ser ajudado, que mostrará a importância de contribuir para construir e que ensinará que delegar é melhor do que mandar.

Infância e liderança

A Psicologia evidencia que as crianças de 0 a 3 anos que receberem "mais pele" – isto é, contato de toque, carinho corporal de suas figuras maternas e paternas – serão líderes melhores no futuro, pois o campo cerebral que assimila esse contato físico é o mesmo que assimila o desenvolvimento da empatia.

Mesmo que hoje caminhemos para um mundo cada vez mais impessoal, é dessa liderança empática e dessa disponibilidade para estar junto, para tocar o outro, que a empresa do futuro precisa.

Pode parecer paradoxal – em um mundo em que tudo é automatizado, feito com rapidez e realizado a distância, o que precisamos, na verdade, é do contato individualizado, é do tempo disponibilizado para entender e ouvir o outro, e estar junto fisicamente –, e, na prática, você também vai conseguir constatar que, apenas com o desenvolvimento de uma estrutura corporativa empática, uma empresa sobrevive.

Da mesma maneira que aplicar a psicologia na educação dos filhos para o futuro é o caminho, aplicar a psicologia na preparação dos negócios para o amanhã é a solução para o sucesso.

A vertigem trazida pela rapidez da tecnologia, o tsunami de informações que nos assola cotidianamente, o impacto de mudanças sociais, econômicas e sanitárias que tomam proporções cada vez maiores abalam não só o negócio como um todo, mas também cada indivíduo que faz parte dele.

Assim como ocorre com nossos filhos, não há como colocar nossos colaboradores e clientes em uma redoma de vidro para protegê-los dessas turbulências, porém, como pai e mãe ou líder, há como criar um ambiente de acolhimento que transmita confiança e segurança, propício para o desenvolvimento, que impulsione a alta performance e que ofereça bem-estar.

É a partir da compreensão do ser humano que a empresa do futuro resiste.

A empresa do futuro é como uma mãe que transmite segurança

Aposto que você não gosta de se sentir apenas mais um na vida – eu também não. E para que isso não ocorra, a Psicologia de Pessoas e Negócios é fundamental.

Vimos que até mesmo a criação dos nossos filhos passa a ser diferente se tomamos conhecimento do quanto a nossa postura com eles influencia diretamente a conduta e, consequentemente, o futuro deles. Isso também acontece com nossos colaboradores.

Então, reflita sobre a própria conduta diante de seus colaboradores para que eles não se sintam apenas mais um no universo corporativo e para que se percebam – e de fato estejam – aptos para abraçarem a mudança e não se apavorarem diante das transformações cada vez mais recorrentes.

É necessário ser um pai empático e corajoso, para criar filhos empáticos e corajosos. É necessário ser um líder empático e corajoso, para fomentar empatia e coragem nos colaboradores. Afinal, em qualquer âmbito da vida, sem o afeto e sem o engajamento que ele proporciona, nenhuma cultura é capaz de se fixar.

Psicologia de Pessoas e Negócios

É importante entender o poder que a Psicologia tem de prever as tendências comportamentais dos indivíduos de acordo com a criação que ele teve e com a sua geração. E, sabendo disso, enxergar como aplicá-la ativamente para conduzir e desenvolver os indivíduos.

Ao longo deste livro, vamos adentrar no método **O Futuro Começa Agora**, que vai ajudá-lo a incentivar aqueles que dão corpo à empresa, e não só exigir, cobrar e ordenar. Esse é um método centrado no desenvolvimento de pessoas, que ajudará na criação de raízes para a sua empresa, para que ela não seja só mais uma efemeridade dessa realidade tão dinâmica. Essa raiz será o diferencial do seu negócio. Criar uma base forte, um time convicto do que faz, que estará pronto para sobreviver às mudanças cotidianas, fará da sua empresa uma empresa preparada para acatar as mudanças e transformações constantes, no presente e no futuro. Uma empresa que não tem um time coeso e fortificado não sobrevive.

Essa fortificação, entretanto, exige a reestruturação de processos básicos. Para isso, desde a contratação de novos colaboradores até a motivação de cada um deles na empresa, serão postos instrumentos que vão modificar uma dinâmica ultrapassada e transformar o paradigma desses procedimentos automatizados, dando lugar à humanização e à profissionalização dos processos institucionais responsáveis por fortalecer a equipe internamente.

O método **O Futuro Começa Agora**, por meio de instrumentos específicos da Psicologia, vai modificar o Esquema Cognitivo Referencial Operacional (ECRO), tanto da sua empresa quanto do seu funcionamento pessoal, por meio de novas ancoragens. Ou seja, por meio da exposição, explicação e do uso dessas ferramentas para fins específicos, você conseguirá introjetar novas crenças, novos valores e novas visões em sua empresa e em seus colaboradores. Sairá do senso comum institucional e entenderá, operacionalmente, como funciona o enraizamento de equipes. Mas, para que esse núcleo duro – o ECRO – seja modificado, será preciso prática e aplicação, pois somente dessa maneira é possível aprender e apreender a importância e o porquê de o método ser tão essencial para a garantia da identidade e do funcionamento empresarial.

> **"Os líderes precisarão recorrer aos pontos fortes de todos os indivíduos em suas organizações para encontrar oportunidades de reestabelecer e adaptar suas operações."**
>
> **— McKinsey & Company**

Bem-vindo ao futuro!

O que eu pretendo fazer com esse conjunto de técnicas que compõem o método **O Futuro Começa Agora**, portanto, é primeiro conscientizar a sua **mente**, para que ela entenda a importância das transformações que criaram raízes na sua empresa; depois, é estimular a sua **ação**, ao aplicar as ferramentas aqui expostas e as recomendações na **gestão** de seus colaboradores; e, por fim, fazer com que você alcance **resultados**, tanto materiais quanto representativos, ao perceber que tem um time coeso, que veste a camisa da empresa e traz bons resultados financeiros.

Em *Negócios à prova do amanhã* você será apresentado a seis diretrizes: 1. Contratar; 2. Alocar; 3. Treinar e resolver; 4. Motivar e recompensar; 5. Conviver; e 6. Liderar e ser liderado. Os conceitos, as técnicas e ferramentas de cada uma dessas diretrizes serão destrinchados nos próximos capítulos e, com foco e organização, você verá sua empresa se transformar no presente e resistir ao futuro – não uma única vez, mas muitas vezes, e de modo constante. Afinal, o amanhã é sempre um novo futuro a nos desafiar.

O Futuro Começa Agora!

Capítulo 3

Diretriz 1: Contratar

Eram os idos dos anos 2000, Marina ia participar do processo seletivo para a vaga de trainee de um grande banco.

Chegando ao local em que ela *achou* que haveria uma entrevista, logo de cara percebeu que, na verdade, seria uma dinâmica em grupo. Vinte e dois jovens foram conduzidos a uma sala e acomodados sentados em torno de uma grande mesa oval. O que os unia era o nervosismo, pois não faziam ideia do que os esperava.

Fato é que, ao longo daquela manhã, todos os candidatos tentavam ter a postura e o discurso mais profissional possível, no alto dos seus 18-20 anos, para impressionar os recrutadores. Entre um "Quais são seus defeitos?" aqui e um "Como você faria para vender um guarda-chuva sem cabo para mim?" ali, veio a pergunta fatídica (pelo menos para alguns): "Se você fosse um animal, qual você seria e por quê?".

Aqueles jovens adultos, com, no máximo, um emprego de experiência, ficaram sérios, pensativos. Uns faziam cara de conteúdo, e outros olhavam de rabo de olho para o colega ao lado que estava na mesma enrascada, como se estivessem esperando uma luz divina ou um insight lacrador. Um silêncio enorme se formou.

Passados três minutos, que mais pareceram três séculos, a recrutadora mais velha, que deveria ter uns 50 anos, escolheu sua primeira vítima. O jogo que valia não um bilhete premiado, mas, sim, um emprego dos sonhos – o que naquele contexto parecia bem melhor –, havia iniciado!

Nesse momento, abriram a porta do zoológico. Os mais imponentes animais surgiram naquela sala: leões, cães, águias, tigres, tubarões, elefantes. E foram seguidos das justificativas mais nobres possíveis: coragem, lealdade, visão, agilidade, solidez. Até que, de repente, talvez a porta do hospício tenha sido aberta também...

"Eu seria uma barata", falou um rapaz com ar solene. E, diante de caretas e espantos, explicou: "Afinal, a barata é o animal mais resistente que já existiu, sobrevivendo desde a era dos dinossauros".

Nem a recrutadora sênior, que já tinha ouvido muita resposta *inovadora* ao longo de sua carreira no RH conseguiu se pronunciar. Com olhos ligeiramente arregalados, apenas indicou com a cabeça que era a vez do candidato ao lado do homem-barata. E o candidato da vez não se fez de rogado, a ordem era superação, afinal, estavam em um tudo ou nada!

"Eu seria um rato", declarou seguro de si. Diante de olhos revirados e discretas risadas que teimavam escapar da boca daqueles que acreditavam que nada poderia superar o homem-barata, ele alegou: "Sim, um rato é o melhor que um colaborador pode ser, pois ele consegue se espremer e passar em qualquer espaço e em qualquer situação, por exemplo, pode se esgueirar e passar até por debaixo de uma porta. Além disso, é sagaz e muito ligeiro".

Não havia mais condições de aquela sessão continuar, e a recrutadora, agora incrédula, decidiu anunciar a hora do coffee break.

Nas rodadas seguintes, Marina, a mulher-águia, não encontrou mais seus colegas, o homem-barata e o homem-rato – e desconfiava do porquê. E, ao final de cinco etapas, ela voou alto e faturou a vaga.

Ainda bem que hoje em dia já temos muitas outras ferramentas e técnicas que podem ser aplicadas com eficiência em uma seleção de colaboradores. Sorte dos candidatos, que não precisam se metamorfosear em baratas e ratos; ou talvez sorte dos recrutadores, que não precisam balançar a cabeça sérios ao ouvir esse tipo de resposta disruptiva.

O FUTURO SABE SELECIONAR

Como contratar com eficiência e eficácia

"Cinquenta por cento de um bom processo seletivo está relacionado à triagem." Foi o que ouvi de uma analista responsável pelo processo de contratação de uma das empresas em que trabalhei, após questionar a quantidade de etapas envolvidas no processo seletivo que a empresa aplicava.

Guardei o que ela me disse e decidi investigar o que é um processo de contratação de colaboradores e o que está envolvido nessa etapa fundamental de construção e manutenção de qualquer negócio. Claro que muita coisa mudou desde que tive essa conversa e, agora, novos desafios são impostos às empresas que sobreviveram a turbulências, às que estão se estabelecendo e às que já estão solidamente consolidadas.

Aprendi com Dave Ulrich,[3] o responsável por disseminar uma nova visão do setor que cuida do capital humano das empresas. Para ele, o departamento de Recursos Humanos (RH) em empresas era muito procedimental e deveria ficar responsável só pelas burocracias. Em contrapartida, defendia a criação do DHO (Desenvolvimento Humano na Organização), que funcionasse como um parceiro estratégico de qualquer negócio, ajustando suas estratégias às da empresa e contribuindo diretamente com o alcance de qualquer objetivo estabelecido. Ele seria o catalisador de mudanças e estaria na linha de frente de quaisquer transformações culturais da empresa, cuidando de treinamento, desenvolvimento, suporte aos colaboradores, negociações internas específicas, entre outras demandas relacionadas às pessoas. Ainda mais hoje, com as novas imposições da pós-modernidade e com as mudanças que as empresas precisam acompanhar, esse setor ganha força e torna-se o maior aliado de todos os demais setores de uma empresa.

Com base na mudança de paradigma da função do departamento que cuida das pessoas da empresa, e após compreender o papel decisivo que o setor tem ao acompanhar, como parceiro da alta gerência, quaisquer transformações e propósitos, encabeçamos a estruturação do processo seletivo, que deve ser separado em duas etapas: a triagem e a seleção, cada uma com procedimentos específicos. Tudo sempre caminhando lado a lado, mantendo o foco no mesmo objetivo, para que o processo seletivo seja eficiente e eficaz.

A triagem

Sem uma triagem bem-feita e bem estruturada, o processo não funciona! Acabamos nadando em um rio sem margens e ficamos sem parâmetros sobre o mercado e sobre quem o compõe.

Provavelmente, ao longo do aprendizado, você vai se questionar sobre a necessidade da quantidade de etapas. Costumo definir essa necessidade em duas expressões: o curto caminho longo e o longo caminho curto. O primeiro se traduziria em fazer uma triagem sem muitos critérios, entretanto, isso teria uma série de consequências: deixaria o processo de entrevistas mais denso, com candidatos que foram selecionados com menos assertividade; demandaria mais tempo para selecionar; as entrevistas seriam menos objetivas; pessoas

---

3 CANÇADO, V. L.; MEDEIROS, N. L.; JEUNON, E. E. O profissional da informação: uma análise baseada no modelo de múltiplos papéis de Ulrich. **Perspectivas em Ciência da Informação**, v. 13, n. 2, p. 196–218, ago. 2008. Disponível em: https://doi.org/10.1590/S1413-99362008000200013. Acesso em: 20 set. 2023.

com perfis completamente distantes do almejado avançariam, o que demandaria mais trabalho, entre outros problemas a longo prazo, como o *turnover* de funcionários. Mas, se eu escolho traçar um longo caminho na triagem, chego à etapa de entrevistas com candidatos que se encaixam no perfil da empresa e do cargo.

Para entendermos essa necessidade, podemos pensar na triagem como uma rede de pesca, a qual primeiro estruturamos e depois lançamos no mar no lugar certo. Então, vamos, aos poucos, estruturar essa rede a ser lançada.

Definição da função

Guarde isso: não existe processo seletivo com divulgação do cargo.

Devemos sempre estruturar o processo seletivo a partir da função que o profissional exercerá. A divulgação de um cargo, de gerente, por exemplo, tem uma série de implicações jurídicas e financeiras que nos limitam. Se eu contrato alguém para ser gerente, perceba que eu tenho de estar de acordo e cumprir tudo o que jurídica e financeiramente essa vaga exige e, consequentemente, não poderei ter nenhuma mobilidade com esse profissional dentro da empresa. Se eu contrato um gerente e percebo que ele não está apto a cumprir tudo o que o cargo exige, eu não posso regredir e rebaixá-lo na hierarquia da empresa para que passe por uma etapa de aprendizado.

Além disso, há outra implicação. Quando eu jogo essa isca para atrair gerentes, minha rede pode pescar pessoas que estão seduzidas pelo cargo dada a sua hierarquia ou oferta salarial. A Psicologia explica que isso acontece porque todo ser humano busca antecipar o deleite e, com essa condição, o profissional pode acabar forjando algumas questões para atuar naquela posição e ganhar, antes da hora, o salário do cargo, mesmo sem ter adquirido as competências e as habilidades necessárias para aquela área. Sendo assim, busque sempre dar um nome que possibilite que você seja flexível com esse colaborador. Para que consiga fazer isso, é importante que você saiba quais serão as atribuições e responsabilidades desse profissional, ou seja, qual será a função dele dentro da empresa.

Com isso em mente, pense: essa pessoa será responsável por supervisionar? Por controlar a logística? Por coordenar o fluxo? Trace as principais linhas de atuação desse profissional para, a partir disso, definir a função, seja ela organizador, montador, entre outras possibilidades ligadas diretamente às múltiplas formas de atuação desse futuro profissional dentro da empresa.

Elaboração do perfil profissional ideal

Agora que você já definiu a função, está na hora de construir o perfil de um profissional ideal. Para isso, costumo usar o exemplo da moto que dirijo no deserto, quando estou de férias. Hoje, eu sei pilotá-la, mas, quando estava aprendendo a controlá-la, fazia algumas aulas para entender as especificidades daquele tipo de condução. Lembro-me de o professor dizer que, ao pilotarmos, deveríamos manter o olhar para frente, no horizonte, rumo ao ponto de chegada. Se ficássemos olhando para o caminho imediato que estávamos percorrendo, em qualquer deslize, nós cairíamos, porque nosso corpo estaria predisposto a acompanhar o local que estávamos focalizando. Já quando conseguíamos manter esse olhar fixo no ponto de chegada, quando nos desequilibrássemos, tenderíamos a voltar para o eixo, para o centro.

O que eu quero dizer com isso é: quando lançamos a rede, precisamos ter um perfil de profissional idealizado, construído com base nas funções específicas do cargo que preciso preencher na minha empresa. Para isso, existe uma ficha que norteia a construção do perfil e estabelece parâmetros para aquilo que estamos procurando.

Ficha de contratação

É importante ressaltar que essa não é uma ficha de perguntas e respostas, e sim é o momento de colocar o que você quer nesse profissional que vai atuar na sua empresa. Também é preciso ter a clareza de que essa é uma ficha de uso interno dos recrutadores e que não deve, em momento algum, ser compartilhada com os candidatos.

Desse modo, a próxima etapa da estruturação dessa grande rede é observar as seguintes questões e defini-las com clareza, a partir da função que você já delimitou.

EXPLICANDO A FICHA DE CONTRATAÇÃO, ITEM A ITEM

Perfil

Idade

Você vai definir a faixa etária pensando na questão geracional, pois uma pessoa com 20-25 anos tem um perfil; já com 25-35 anos tem outro; e com 35-45 anos as características são diferentes. Se você precisa de um profissional que seja pragmático, por exemplo, que saiba delegar e trabalhar bem em equipe, que tenha profundidade no que está fazendo, você está em busca de alguém que seja da geração X. Mas se você precisa de alguém que seja multitarefas, que saiba otimizar os processos, que seja conectado e que possa trabalhar dentro de um regime flexível, você precisa de alguém da geração Y. Nós voltaremos à questão geracional de maneira mais aprofundada no Capítulo 7.

Gênero

Atualmente há cada vez menos barreiras em relação ao gênero do profissional e à função que ele ocupa. Antigamente, seria improvável encontrar um professor de educação infantil ou uma pilota de avião. Hoje, apesar de não serem maioria, já vemos homens como educadores do jardim de infância e mulheres comandando a cabine de aeronaves. Porém, ainda assim, há uma propensão de homens para trabalhos braçais ou com carga e mulheres, por exemplo, em setores financeiros. Também há casos de restrição quanto ao gênero imposta pelo seu negócio ou pelos seus clientes. E este é o momento de pontuar a questão. Por exemplo, você tem uma clínica de procedimentos de saúde e estéticos unicamente voltados a mulheres e alguns dos serviços oferecidos demandam que as clientes fiquem parcialmente nuas, então, por uma questão de bem-estar das suas clientes, você restringe a seleção a mulheres.

Formação

Qual o nível de formação que o candidato ideal deveria ter? Basta ter concluído a Educação Básica? Precisa ter formação técnica? Essa formação seria em alguma instituição específica? Precisa ter nível superior? Defina com clareza a formação desse profissional ideal, adicionando possíveis locais de referência onde ele possa ter completado a formação, como Etecs, Senai, entre outras possibilidades na sua região. Por exemplo, se você precisa de alguém apenas com conhecimento prévio básico de uma área específica, como contabilidade ou administração, pode recrutar estudantes do 1º ou 2º ano da faculdade.

Disponibilidade de horário/carga horária de trabalho

Você precisa de um profissional que esteja disponível para começar a trabalhar em quanto tempo? Defina um limite, precisa começar em uma semana? Um mês? Ele precisa estar disponível para a sua empresa quantas horas por dia? Em quais dias da semana? Defina o horário e os dias da semana com clareza, pois aqueles que não se encaixarem já não se inscreverão nesse processo seletivo. É importante aqui, sabendo de situações que podem ser a realidade dessa posição com a vaga em aberto, que já se pergunte pontos sensíveis: se a pessoa estaria disposta a fazer longas viagens; se ela passaria meses em outro local de trabalho; se for preciso se juntar a uma força-tarefa em finais de semana ou além do horário comercial, se o candidato teria disponibilidade para isso etc.

Região onde reside/tempo de locomoção/conduções para chegar ao trabalho

Essas três questões estão diretamente ligadas com a energia do colaborador. Se você precisa de alguém que vai trabalhar fazendo bastante esforço físico e essa pessoa tiver de gastar horas no transporte público, ela já chegará desgastada na empresa e sua produção nas oito horas de trabalho não será a mesma de um profissional que gastaria menos tempo de locomoção dentro de um transporte público. Pensando nas atribuições desse funcionário, defina uma distância máxima ou um tempo de locomoção máximo dele até o local de trabalho. Você também pode averiguar aqui se a pessoa vem com carro próprio, carona, fretado, trem, metrô, ônibus, tudo para analisar o desgaste que esse candidato terá até chegar ao local de trabalho e depois voltar para casa, como também para entender a flexibilidade dele, pois, por exemplo, quem vai e volta de fretado não pode atrasar um minuto.

Características específicas

Depois de definir a base do perfil ideal, passamos para a segunda etapa, que vai complementar, com características específicas, o perfil do candidato. Para definir essas características, lembre-se de quando você vai a lojas de roupas, por exemplo. Todos os colaboradores seguem o *branding* da marca; no momento em que estão trabalhando, eles seguem exatamente a identidade visual e o *life style* daquele negócio. Por exemplo, para ser vendedor de uma loja com artigos esportivos, você pode requerer que os candidatos a vendedores pratiquem, ao menos, um tipo de esporte radical, para que ele já esteja conectado ao *mood* da loja. Isso é o que você precisa traçar neste momento de construção do perfil, adequando essa lógica para as necessidades específicas da sua empresa e da função.

Função

Função/atribuições e responsabilidades

Como já passamos pela etapa de definição da função, aqui você vai listar o que essa pessoa precisa fazer no dia a dia. Quais serão as responsabilidades? O que você vai exigir e cobrar dessa pessoa? O que ela precisa conseguir fazer para ter um bom desempenho? Liste as principais atribuições e responsabilidades. Se for preciso, sente com quem faz parte do setor em que o candidato atuará e, juntos, construam essa lista.

Experiência

A terceira etapa de construção do perfil ideal são apenas três questões que vão recolher as experiências profissionais dos candidatos. Aqui, você também precisa estabelecer parâmetros, caracterizando o profissional ideal. Entretanto, o essencial é saber o que fazer quando essas informações forem recolhidas. Os profissionais responsáveis pelo processo seletivo terão de trabalhá-las, pois elas são basilares durante as entrevistas.

Experiências comprovadas em cargos similares (mínima de um ano): Entenda que, quando falo sobre similaridade de atuação, quero saber se esse candidato já tem as competências necessárias para exercer aquela função e cumprir com aquelas responsabilidades. Por exemplo, imagine que eu precise contratar um vendedor para a minha loja de eletrodomésticos. Se um dos candidatos já trabalhou como vendedor durante um ano em uma loja de eletrodomésticos de grande porte, sei que ele já pode desenvolver, em alguma medida, as competências necessárias para aquele posto. Então, pense: esse profissional precisa ter desenvolvido essas competências? Você prefere alguém que não tenha tanta experiência na área para evitar um profissional que venha trabalhar com vícios? Em quais áreas esse profissional pode ter atuado?

Contato de referência (nome e telefone): Caso ele tenha experiência, recolha o contato da empresa onde esse candidato trabalhou e o profissional que trabalhava com ele ou que o supervisionava. Em uma ligação rápida, faça, primeiro, uma pergunta aberta, como "O que você achava do Fulano?". Essa pessoa vai traçar alguns comentários e, se ela fizer alguma observação que acenda um alerta, anote na ficha do candidato. Caso ele chegue à etapa de entrevista, isso deve ser retomado e perguntado. Se o contato não traçar nenhum comentário que mereça atenção, você pergunta "Por que ele precisou sair?", e seguimos a mesma lógica: se alguma observação que mereça atenção for feita, anote-a na ficha e leve para a entrevista. Caso nada chame a atenção, faça perguntas específicas de acordo com as competências que você precisa que esse profissional tenha.

Cite suas experiências: Aqui é um espaço livre para o candidato descrever melhor o que fazia e o que desenvolveu durante as experiências que citou. Você pode criar um perfil com um profissional que já tenha participado da liderança de outros projetos, que já tenha tido contato com o operacional da área em que a sua empresa atua, entre outras possibilidades voltadas ao seguimento do seu negócio.

Perceba que, a todo momento, preenchemos essa ficha criando uma espécie de arquétipo. Ou seja, estabelecemos parâmetros sobre o que estamos procurando. Retomando a metáfora, começamos a pilotar a moto olhando para onde queremos chegar.

Após definir os itens com muita clareza e objetividade, tudo está alinhado e pronto. A rede está preparada para ser lançada e, agora, começa a divulgação da vaga e o recrutamento de candidatos.

Mas você se lembra de quando eu falei sobre a localização? Boa parte do sucesso da triagem está aqui. É essencial saber onde eu lanço essa rede que está plenamente estruturada. O "pulo do gato" está em ter uma rede de contato de confiança e convênios com universidades, escolas técnicas, igrejas e instituições que me garantem maiores chances de encontrar o profissional de que eu estou à procura.

Com tudo pronto, lance a rede e recolha os currículos e as fichas preenchidas para que os responsáveis por essa etapa do processo seletivo consigam selecionar, com base nos parâmetros predefinidos, os candidatos que mais se aproximam do perfil idealizado.

Então, quando for recolher o currículo desses candidatos, peça a eles que preencham a ficha que você já trabalhou internamente. Os currículos e as fichas que mais se aproximaram da idealização serão analisados e os responsáveis pelo processo seletivo entrarão em contato com as referências informadas pelos candidatos no formulário. Alertas serão acesos, ou não, e outra peneira será feita com base nas conversas entre a sua empresa e a empresa antiga do candidato.

Quando concluímos essa parte, a primeira peneira já está feita.

O vídeo

Após esse recolhimento de informações, chegou o momento de entrar em contato com a parcela de candidatos que foi previamente selecionada pela análise interna.

Primeiro ponto: ligue, não mande mensagem pelo WhatsApp. Após a ligação, você até pode reforçar, por mensagem, o que foi conversado, mas a ligação é fundamental. Nela, você vai comunicar que esse candidato foi aprovado na primeira etapa e solicitar que ele grave um vídeo de, no máximo, cinco minutos para a próxima etapa do processo seletivo e passar todas as orientações de gravação. Além disso, estipule uma data-limite para envio do vídeo, mas dê, no mínimo, 24 horas para que ele seja feito. Todos nós temos grandes ou pequenas intercorrências em nossa vida e disponibilizar tempo para que esse candidato possa se dedicar a essa gravação é fundamental para que ele mostre o melhor dele durante esses cinco minutos.

Com isso em mente, veja as orientações fundamentais:

- O vídeo deve ser gravado em plano americano (mais ou menos da altura do joelho ou da coxa para cima);
- O vídeo não deve ter quaisquer edições;
- A gesticulação deve ser aparente;
- A exposição deve ser objetiva e conter a apresentação pessoal do candidato, um rápido relato de experiências anteriores, opinião sobre a empresa para a qual se candidatou e um breve fechamento.

Os três primeiros pontos são mais gerais e objetivos, mas o quarto ponto é moldável e você pode solicitar informações que são essenciais para o preenchimento daquele cargo. Na parte do fechamento, dependendo das atribuições e das responsabilidades associadas à vaga, você pode acrescentar pedidos. Por exemplo, se a oportunidade se tratar de um cargo de liderança e você quiser analisar o perfil do líder, pode pedir que ele cite três características positivas e negativas do pai e da mãe – falaremos mais sobre liderança no Capítulo 8. O essencial é ter profissionais envolvidos nesse processo seletivo que saibam fazer as perguntas corretas para descobrir se os candidatos já têm as competências e as habilidades requeridas, se têm capacidade para se desenvolverem ou se fogem muito do que a empresa está procurando naquele momento.

Quando os vídeos chegarem, vocês vão reunir os responsáveis pela área em que esse profissional vai atuar para assistirem às gravações, debaterem e selecionarem quais continuam e vão para a fase da entrevista ou não.

Acredito que, neste momento, você esteja se perguntando se isso serve para qualquer cargo, dentro de qualquer nível hierárquico. E a resposta é simples: não! A distinção entre os níveis hierárquicos de uma empresa vai definir se eu aplico o vídeo ou não. Considerando que, normalmente, são três níveis: operacional, tático e estratégico, indico o vídeo como critério de seleção apenas para candidatos que vão concorrer às vagas do nível tático e estratégico. E, quando pensamos no nível estratégico, em cargos executivos, o vídeo e a apresentação podem ser incrementados e regulados de acordo com aquilo que o seu departamento precisa ver.

Tipos psicológicos

São dezesseis os diferentes tipos psicológicos de Carl Jung, e você já deve ter tido contato com eles ou lido a respeito, se já passou por ou realizou muitos recrutamentos.

ISTJ	ISFJ	INFJ	INTJ
Sistemático Realista Organizado	Detalhista Tradicional Paciente	Idealista Determinado Profundo	Lógico Firme Independente
ISTP Analítico Adaptável Prático	**ISFP** Modesto Sensível Espontâneo	**INFP** Adaptável Discreto Criativo	**INTP** Teórico Reservado Independente
ESTP Pragmático Rápido Persuasivo	**ESFP** Sociável Cooperativo Tolerante	**ENFP** Curioso Incansável Independente	**ENTP** Adaptável Analítico Estratégico
ESTJ Decidido Objetivo Eficiente	**ESFJ** Cooperativo Sociável Tradicional	**ENFJ** Idealista Entusiasmado Prestativo	**ENTJ** Lógico Crítico Estratégico

A próxima etapa da triagem é a aplicação do instrumento que vai indicar qual o tipo psicológico daqueles candidatos que continuaram no processo seletivo, e vou apresentar a você como trabalhar com isso durante a seleção de um candidato.

Atenção! Nunca podemos chamá-lo de teste, mas, sim, de questionário, instrumento, *assessment* ou ferramenta. Como os indicadores tipológicos são instrumentos da Psicometria, a significância fica comprometida quando o candidato percebe que está sendo avaliado de alguma maneira.

A significância é um indicador da área de Psicologia que demonstra quanto um instrumento identifica as características do candidato. A veracidade desses instrumentos varia de 0,0 a 1,0. Por exemplo, 1,0 representa 100% de acerto, já 0,75 equivale a 75% de acerto.

Mais uma vez, entre em contato com os candidatos que passaram pela peneira para pedir que respondam ao questionário. Para que a significância não caia, é preciso criar um ambiente de não ameaça. Então, quando for pedir ao candidato que responda ao questionário, a primeira coisa que você vai falar, com uma linguagem acolhedora, é que não existe certo ou errado, pois esse instrumento vai apenas ajudá-lo a se desenvolver dentro da empresa. Deixe claro que, quanto mais ele fizer um exame de consciência, quanto mais responder de acordo com a maneira como ele prefere agir, melhor será o treinamento dele.

Perceba, portanto, que os profissionais que vão aplicar esses instrumentos precisam saber dessas particularidades, porque senão vamos cair em quatro grandes equívocos que podem acontecer na aplicação. O primeiro é o candidato responder com referenciamento, ou seja, responder de acordo com o que o outro quer ouvir. O segundo equívoco é responder de acordo com aquilo que ele deseja ser. O terceiro, responder com base na maneira como ele se comporta ou está se comportando naquele momento. E o quarto é responder em momentos de crise na vida pessoal ou profissional, pois o candidato precisa ouvir a si mesmo e, nessas tempestades, pode estar confuso.

> Após a resposta do candidato, entregue a análise a ele. Faz parte da ética da área da Psicologia que a análise das aferições seja entregue aos que respondem a qualquer instrumento psicométrico.

Processo de seleção

Até aqui, conversamos sobre a aplicação de instrumentos no cumprimento do método da triagem. Ou seja, jogamos a rede, pescamos os melhores peixes e vamos escolher apenas o(s) que vou levar para casa. Chegou o momento, portanto, de sentar e conversar com esses poucos candidatos que foram pré-selecionados na etapa de triagem.

Mapa de competências da função

Primeiro, é preciso saber: o que é a competência? Costumo dizer que é o saber fazer. Sendo assim, quando traçamos o mapa de competências, temos de listar as ações que levam ao cumprimento das atribuições e responsabilidades do cargo.

Mas você pode me questionar: nós já não fizemos isso na etapa de triagem? Não! O que fizemos lá foi fundamental para direcionar o nosso olhar para o candidato que queríamos pescar no mercado de trabalho. Naquela etapa, nós apenas listamos a função, ou seja, as atribuições e as responsabilidades. Aqui, será especificado o que o candidato precisa saber fazer para cumprir com cada uma delas.

Pensando nisso, eu terei de traçar o mapa de competências de função para criar parâmetros do que eu quero ver no momento da entrevista. Para isso, eu tenho duas estratégias. A primeira, é entregar qualquer papel em branco para um colaborador que já trabalhe com você, na mesma área em que esse candidato vai atuar. Nesse papel, ele deve descrever todas as atribuições e responsabilidades que ele tem na semana. Depois, você pega esse texto do colaborador e o passa para o candidato transformar essas responsabilidades em uma lista que inicie com verbos de ação no infinitivo com o que ele precisa fazer para conseguir atingir e resolver essas atribuições e responsabilidades. Dessa primeira maneira, o candidato entregará o mapa de competência da função que ele vai exercer se for selecionado.

A segunda maneira é sentar com os responsáveis pela área em que o candidato vai atuar e listar atribuições e responsabilidades, para criar o mapa de competências da função. Depois de criada essa lista, você precisa esmiuçá-la em um desdobramento da lista, indicando, com verbos de ação no infinitivo, como esse colaborador conseguirá cumprir tudo o que foi indicado pelo responsável da área.

MAPA DE COMPETÊNCIAS

Veja exemplos de mapa de competências da função.

JOAQUIM NAVARRO

Este é o mapa do Joaquim, ele é vendedor de bebidas não alcoólicas (sucos, refrescos, águas e refrigerantes) para lanchonetes na Zona Norte da capital.

Atribuições e responsabilidades:

1. Reduzir o trabalho manual da conferência de pedidos faturados com seus respectivos comprovantes de pagamento dentro do departamento, automatizando-os.
2. Fazer reuniões semanalmente para aferir o alcance das metas.
3. Entrar em contato com os clientes mensalmente para verificar novas demandas.

Para cumprir essas atribuições, ele precisará ter/desenvolver as competências:

Para atingir o tópico 1: Estudar melhores plataformas para registro das informações; testar novas tecnologias; conversar com os demais colaboradores para ver se as novas tecnologias implementadas são eficazes.

Para atingir o tópico 2: Gerir o tempo de modo eficaz; criar uma agenda clara, com o alcance de metas bem definidas; expressar-se de maneira concisa e objetiva; desenvolver a capacidade de liderança; pensar criticamente para encontrar novas estratégias; trabalhar com feedbacks positivos e negativos.

Para atingir o tópico 3: Desenvolver habilidades de comunicação; conhecer bem o produto ou o serviço; resolver os problemas dos clientes com agilidade ou fornecer possíveis soluções; organizar as demandas de cada cliente.

NAIARA OLIVEIRA

Este é o mapa da Naiara, ela é analista de conteúdo de uma empresa renomada de treinamentos e workshops.

Atribuições e responsabilidades:

1. Gestão e criação de conteúdo para a página do LinkedIn da empresa.
2. Desenvolvimento de materiais de apoio a vendas (enxoval de cada curso, com datas, condições de pagamento, links, explicações, depoimentos etc.).
3. Elaboração de conteúdo e respostas para alimentar e responder a demandas vindas por e-mail e grupos de WhatsApp.

Para cumprir essas atribuições, ela precisará ter/desenvolver as competências:

Para atingir o tópico 1: Analisar a linguagem mais adequada para se comunicar nesta rede e que temas são mais relevantes para atrair engajamento na página.

Para atingir o tópico 2: Estudar e conhecer a fundo cada novo produto da empresa, para compor as informações de maneira clara, completa e precisa, além de atrativa.

Para atingir o tópico 3: Desenvolver habilidades de comunicação, de gerenciamento de crise, e traçar um atendimento paciente e que encontre alternativas para explicar as dúvidas que possam surgir.

Aqui está o "pulo do gato"! No momento da entrevista, você precisa usar como parâmetro um mapa de competências, para não cair na velha cilada de contratar por identificação e empatia. Quando você tem em mãos exatamente o que quer ver, com o olhar para onde quer chegar, você segue com mais assertividade o método da entrevista e, dessa maneira, ela será mais objetiva e eficaz.

A entrevista

Nesse momento, é imprescindível que você permita que o candidato se sinta à vontade. É muito importante ter em mente que a identidade do candidato está fragilizada por ele estar inserido em um espaço que não sabe o que o outro pensa dele. E cabe ao selecionador permitir que esse candidato se sinta bem. Quanto mais a pessoa conhece o que o outro pensa dela, ou seja, quanto mais o espaço público – aquele que reúne informações conhecidas tanto por quem está sendo entrevistado quanto por quem está apenas recolhendo os resultados – se abre, mais a identidade do indivíduo se fortalece e ele se sente bem para compartilhar quem realmente é e levar para o ambiente de entrevista seus elementos pré-conscientes.

Existe a chamada Técnica do Incidente Crítico (TIC) que nos ajuda a nortear as perguntas da entrevista com base no mapa de competências da função, sem fazer os questionamentos de maneira muito direta e abrindo espaço para o entrevistado. Essa técnica, desenvolvida por Flanagan, centraliza a palavra "incidente", que pode se entender como:

> (...) qualquer atividade humana observável que seja suficientemente completa em si mesma para permitir inferências e previsões a respeito da pessoa que executa o ato. Para ser crítico, um incidente deve ocorrer em uma situação onde o propósito ou intenção do ato pareça razoavelmente claro ao observador e onde suas consequências sejam suficientemente definidas (...).[4]

Nossa principal lição é deixar que, durante a entrevista, o candidato discorra sobre as experiências relacionadas às atribuições e responsabilidades que você listou. Para isso, faça perguntas abertas, dando-lhe a oportunidade de explicar como ele lidaria com situações com as quais você precisa que ele saiba lidar na sua empresa. Você, com a lista de competências relacionadas às responsabilidades que você questionou, terá de assinalar o que, espontaneamente, esse candidato narrar. Aos poucos, você será mais específico e mais focado no mapa de competências da função.

Para exemplificar como isso pode acontecer no momento da entrevista, imagine que você precise contratar um recepcionista. Lá, nas atribuições, está detalhado que ele deve atender clientes todos os dias e, para cumprir isso, nas competências, está listado que ele tem de ser tolerante e saber lidar com clientes em momentos estressantes. Diante desse candidato, você pode perguntar: "Como era, para você, atender e trabalhar com pessoas sete horas por dia?". Quando ele começar a narrar, talvez apresente alguns sinais de cumprimento daquela competência ao contar situações pelas quais passou. Depois, você pode complementar essa pergunta com algo mais fechado, como: "Conte-me uma situação em que você teve de atender clientes estressados". E, com mais objetividade, perceber se esse candidato cumpre ou não aquela competência específica.

Para auxiliar o recrutador, nesse momento de entrevista, existe uma matriz de competências, em que ele vai listar exatamente a pergunta que engloba a competência, de acordo com a função. Todos os subtítulos que antecedem a lista de pergunta são moldáveis e você pode trocá-los de acordo com as responsabilidades

---

4 FLANAGAN, J. C. A técnica do incidente crítico. **Arquivos Brasileiros de Psicologia Aplicada**. Rio de Janeiro, v. 25, n. 2, p. 99–141, abr./jun. 1973. Disponível em: https://periodicos.fgv.br/abpa/article/view/16975/15786. Acesso em: 21 set. 2023.

que você precisa analisar. Por exemplo, em vez de liderança, você pode colocar proatividade, organização, concentração, entre outras características.

Na pequena coluna do lado direito, você vai assinalar se a resposta cumpriu ou não aquilo que estava sendo analisado.

Matriz de Competências
(atribuições e responsabilidades)

______________________ **[indicar função/cargo]**

Formule 5 questões para aferir as competências.
[Inicie com o pedido: Conte-me uma situação em que...]

Liderança

[Pergunta]	☑ [Cumpriu]	☒ [Não cumpriu]
...você teve de definir novos papéis para as pessoas da sua equipe, a fim de conseguir concluir um projeto a tempo. **[exemplo]**		

Vendas

[Pergunta]	☑ [Cumpriu]	☒ [Não cumpriu]
...você teve de lançar mão de uma estratégia para fidelizar seus clientes após um lançamento bombástico do seu concorrente. **[exemplo]**		

Comunicação

[Pergunta]	☑ [Cumpriu]	☒ [Não cumpriu]
...você teve de encontrar uma maneira de gerenciar uma crise causada por uma declaração politicamente incorreta que um dos sócios deu à mídia. **[exemplo]**		

Algumas vezes, em uma entrevista focada, basta uma única pergunta aberta, então não posso dizer a você que existe um mínimo, mas eu não recomendo que haja mais que cinco perguntas desse tipo. Isso compromete a assertividade do processo seletivo, já que ele é construído por meio de constatações e não investigações.

Validação da tipologia

Após analisar as competências do candidato, você vai aferir o tipo psicológico com algumas perguntas que vão validar ou não as letras que vieram do questionário. Lembre-se de que, se você perceber algo diferente, não foi porque o candidato escolheu forjar, mas pode ser que a orientação específica (consigna) dada não tenha assegurado a alta significância do instrumento.

Para fazer essa validação, você ou qualquer responsável pela entrevista terá de conhecer bem as características da tipologia, pois, letra por letra, as características serão observadas, de acordo com aquilo que o candidato narrar espontaneamente.

Extroversão × Introversão

A primeira letra será mais facilmente observada já na validação das competências. Ao responder a perguntas abertas, o candidato que for realmente extrovertido sairá narrando situações para responder à pergunta, pois ele fala bastante, muitas vezes de modo prolixo, sem pensar de antemão naquilo que ele quer responder. Já um candidato introvertido dará respostas mais curtas e objetivas, não desenvolverá um discurso e não gesticulará muito, pois sua energia está concentrada internamente.

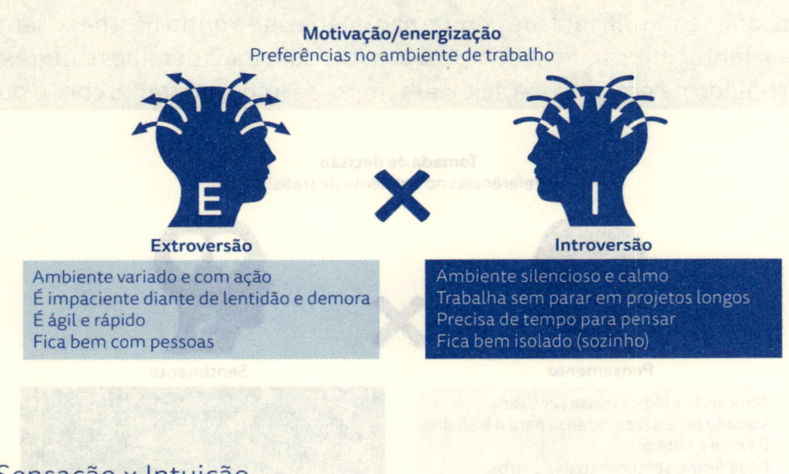

Sensação × Intuição

Para aferir a segunda letra, você perguntará ao candidato que tem sensação (S) no indicador tipológico como ele resolveu algum problema ou alguma situação na função que exercia. Se ele for objetivo, a significância dessa área é alta. Por outro lado, você perguntará ao candidato que tem intuição (N), no indicador, quais as possibilidades ele tinha para resolver a situação. Se ele for realmente um N, listará diferentes possibilidades de resolução, com um olhar mais amplo.

Pensamento × Sentimento

A terceira letra precisa ser analisada em uma situação de interação que possa ter gerado um desconforto, como demitir alguém, cobrar de maneira mais dura algum resultado. O candidato que for orientado pelo pensamento (T) vai narrar como um mal necessário, algo que gerou um desconforto inicial, mas depois se acertou e foi "pelo bem da empresa". Já o candidato orientado pelo sentimento (F) dirá que sentiu dificuldade porque não queria que a outra pessoa se sentisse mal, vai tentar marcar um jantar para explicar com mais detalhes o que estava acontecendo na empresa, ou seja, vai sempre se importar muito com o outro.

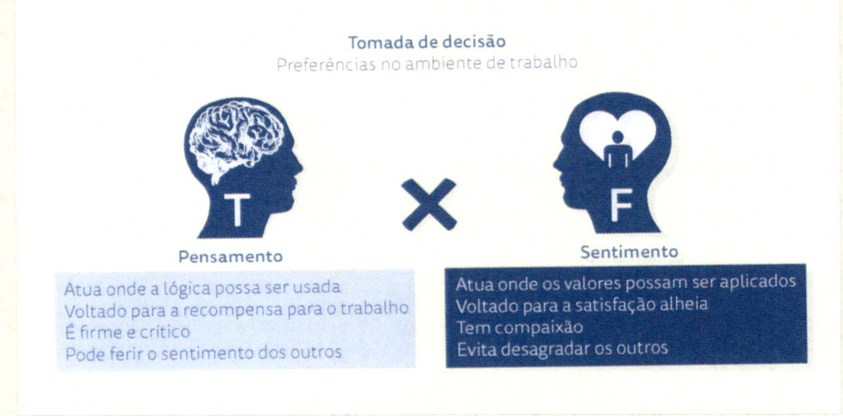

Julgamento × Percepção

A quarta letra do indicador tipológico será desvelada perguntando como esse candidato se organizava, como funcionava seu dia a dia. O candidato orientado pelo julgamento (J) vai apresentar rotinas bem estabelecidas e processos com etapas bem planejadas e pode dizer que trabalhava de acordo com um procedimento rígido. Já aquele orientado pela percepção (P) vai se adaptar, vai encontrar soluções que eram melhores para aquele processo e demonstrar que abraçava a flexibilidade no dia a dia.

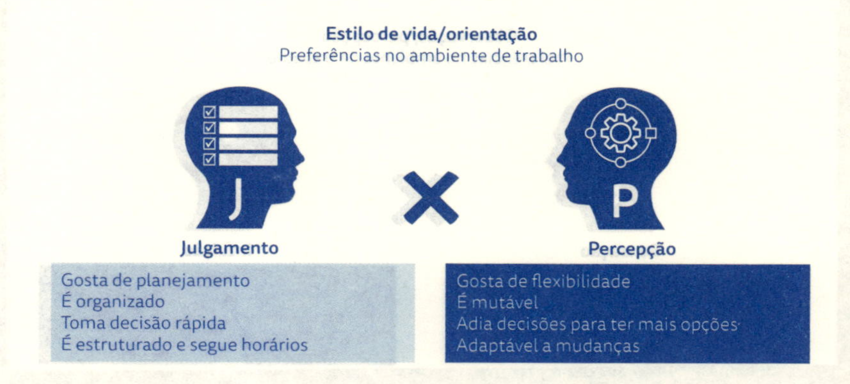

Como no caso das competências, a validação do tipo psicológico também será feita por meio de perguntas livres, que tragam possibilidades, mas elas devem se tornar mais objetivas conforme a evolução da entrevista, sempre de acordo com as orientações sugeridas aqui e com aquilo que o candidato apresentar espontaneamente.

Aplicação de instrumentos complementares

Chegamos à etapa final do processo de seleção e você decide se essa etapa valerá para o cargo que você está selecionando ou não. Como o vídeo, recomendo a aplicação de outros instrumentos, além da tipologia, para os níveis hierárquicos tático e estratégico, principalmente para os cargos de liderança.

Um dos instrumentos que complementam a tipologia, para medir a natureza motivacional inconsciente de um indivíduo, é o de bases motivacionais desenvolvido por David McClelland. Aqui, vamos explorar os três possíveis resultados para que você possa trabalhar e selecionar aquilo que os seus candidatos apresentarem: realização, afiliação ou poder.

Quando um indivíduo é voltado para a **realização**, ele fará de tudo para resolver, de modo objetivo e com uma visão arquetípica (uma imagem clara que define características, cor, sabor, forma, enfim, especificidades de uma visão), questões dele ou de projetos em que está envolvido. Além disso, os indivíduos com essa base têm um excelente direcionamento de energia e sabem gerar expectativas positivas em toda equipe. Com a facilidade de encontrar soluções, costumam ser natos *self-made-man* e verdadeiros construtores de valores e raízes de uma empresa. Sistematizando, os voltados para realizar são candidatos que ajudam você de maneira prática.

Quando um indivíduo é voltado para **afiliação**, motiva-se em manter o time coeso e proporcionar o bem-estar geral. Ele se preocupa com a unidade da equipe, instalando um clima corporativo positivo, reduzindo o famoso "nós contra eles" e fidelizando clientes a longo prazo. São pessoas excelentes para reduzir conflitos, pois são ótimas estabelecendo relações duradouras, e para diminuir o *turnover* de um time, pois conseguem manter a equipe funcionando.

A última base motivacional é aquela voltada para o **poder**. Quem é motivado pelo poder busca sempre persuadir as pessoas, sabe conduzir o time para aquilo que propõe e gosta de comandar a ação, ou seja, não será motivado para colocar a "mão na massa", mas, sim, para coordenar as ações. Em uma orquestra, ele será sempre o maestro, nunca o instrumentista. São indivíduos que precisam estar em cargos estratégicos, organizando times e processos e treinando os colaboradores para a realização.

Agora, basta contratar!

Perceba que agora você tem uma metodologia e algumas técnicas em mãos para renovar o seu processo de contratação. Não existem pessoas certas ou erradas, mas sempre há a pessoa mais ideal para aquilo de que você precisa. Então, fecho este capítulo dizendo que você vai aprender a objetividade e a praticidade em cada uma dessas etapas com o tempo e com a repetição. Costumo dizer que "o caminhante faz o caminho", assim, quanto mais você exercitar, mais se dedicar a cada uma dessas etapas com foco no seu ponto de chegada, mais eficiente e eficaz esse processo ficará.

Construindo o futuro na prática

Um dos instrumentos básicos que citei neste capítulo é o indicador tipológico. Deixo aqui o questionário para você já começar a aplicá-lo. Quem sabe, inclusive, você não poderia ser o primeiro a respondê-lo?

Indicador tipológico

Desenvolvido por Cogni-MGR

1. Se você tem algo importante (mas não urgente) para dizer a um colega que trabalha em outra cidade, você prefere se expressar:
(1) Por escrito.
(2) Por telefone.

2. Ao participar de uma festa ou outro evento social, você:
(1) Costuma conversar com várias pessoas, incluindo desconhecidos.
(2) Prefere conversar com poucas pessoas, já conhecidas.

3. Você costuma ferir os sentimentos alheios sem perceber?
(1) Nunca ou muito raramente.
(2) De vez em quando.

4. Ao ler um livro, você prefere:
(1) O estilo literário, cheio de frases de efeito e metáforas.
(2) O estilo jornalístico, com frases mais simples e descrições mais próximas da realidade.

5. Você sente prazer em:
(1) Discutir um assunto a fundo até que sua opinião prevaleça.
(2) Chegar a um consenso o mais rápido possível.

6. Ao expor seu ponto de vista sobre determinado assunto, você se considera convincente a ponto de mudar a opinião das pessoas?
(1) Sim.
(2) Não.

7. Ao escolher uma possível solução para um problema, você geralmente:
(1) Escolhe uma saída já experimentada.
(2) Tenta um novo caminho.

8. Se tivesse de falar sobre um assunto que você domina para um grupo com mais de cinquenta pessoas, você:
(1) Permaneceria tranquilo, quase como se estivesse conversando com uma só pessoa.
(2) Ficaria nervoso.

9. Se pudesse escolher livremente um horário de trabalho, você optaria por:
(1) Horários fixos de entrada, almoço e saída.
(2) Horários flexíveis que resultassem na mesma carga diária de trabalho.

10. Com relação ao futuro, você:
(1) Costuma definir planos de longo prazo (anos à frente) e persegue as etapas para alcançá-los.
(2) Planeja mais o futuro imediato (meses à frente) e deixa as coisas irem acontecendo a partir daí.

11. Ao defender uma ideia em público, você costuma:
(1) Pensar bastante antes de falar.
(2) Ir pensando enquanto fala.

12. No trabalho, você prefere:
(1) Avançar em várias tarefas ao mesmo tempo.
(2) Concentrar-se em uma tarefa até concluí-la.

13. O que mais o faz admirar uma pessoa?
(1) Criatividade
(2) Sensatez

14. Quando precisa avaliar uma alternativa, você:
(1) Avalia os prós e os contras com o mesmo empenho para chegar a uma conclusão.
(2) Tende a olhar mais para as vantagens e relegar as desvantagens ao segundo plano.

15. Em uma mesa de bar com sete ou oito amigos que se conhecem bem, você costuma:
(1) Ser um dos que mais falam.
(2) Ser um dos que menos falam.

16. No ambiente de trabalho, você prefere:
(1) Dizer o que precisa ser dito, mesmo que magoe a outra pessoa.
(2) Evitar dizer coisas que possam magoar a outra pessoa.

17. Ao dar exemplos, você costuma:
(1) Relatar situações que ocorreram de fato.
(2) Descrever situações hipotéticas.

18. Com relação a mudanças de cidade, você:
(1) Se empolga com o clima de novidade em torno da mudança.
(2) Se sente desconfortável e inseguro.

19. Você costuma ser mais convencido por informações transmitidas:
(1) De maneira lógica e organizada, porém fria.
(2) Com entusiasmo, mesmo que sem tanta organização.

20. Com relação a prazos curtos para o cumprimento de uma tarefa, você:
(1) Se sente desconfortável e não gosta da situação.
(2) Se sente desafiado e lida bem com a situação.

21. Você imagina que é mais vista como:
(1) Uma pessoa gentil e aberta.
(2) Uma pessoa de opiniões fortes.

22. Que tipo de pessoa o irritaria mais no convívio cotidiano:
(1) A muito indecisa, aquela que cogita várias hipóteses e tem dificuldade para tomar a decisão.
(2) A muito decidida, aquela que sabe exatamente que decisão tomar e sequer aceita sugestões.

23. Quando você estipula metas:
(1) Faz o máximo possível para cumpri-las e normalmente consegue.
(2) Frequentemente abre mão delas em função de outras prioridades que vão surgindo.

24. Com relação à velocidade da sua fala:
(1) Tende a ser rápida, com imediato encadeamento de ideias.
(2) Tende a ser devagar, com muitas pausas para reflexão.

25. Você considera que:
(1) Lei é lei e deve ser cumprida de qualquer maneira.
(2) As circunstâncias de eventual descumprimento de uma lei devem ser avaliadas e levadas em conta.

26. Você se sentiria mais à vontade em uma festa que fosse frequentada essencialmente por:
(1) Publicitários.
(2) Engenheiros.

27. Quando marca um compromisso, você:
(1) Raramente chega no horário.
(2) Raramente se atrasa.

28. Quando você toma uma decisão:
(1) Quase nunca volta atrás.
(2) Frequentemente volta atrás.

29. Ao avaliar situações e pessoas, você prioriza:
(1) O seu senso de justiça.
(2) O seu sentimento de compreensão e compaixão.

30. Você se sentiria mais satisfeito se fosse considerado:
(1) Extremamente racional.
(2) Extremamente sentimental.

31. Para você, o que é mais importante na relação com um colega de trabalho:
(1) A empatia entre vocês.
(2) Ter plena confiança na capacidade profissional dele.

32. Em uma entrevista de emprego, você:
(1) Não encontra dificuldades para falar das próprias virtudes.
(2) Se sente constrangido e tem dificuldades para falar das próprias virtudes.

33. Qual é seu ambiente de trabalho preferido?
(1) Silencioso, com poucas interações com outras pessoas.
(2) Barulhento, com muitas interações com outras pessoas.

34. Ao sair de um ambiente que acabou de conhecer, você:
(1) É capaz de descrever os detalhes.
(2) Consegue fazer uma boa descrição genérica, sem muitos detalhes.

35. Ao acordar, você prefere a ideia de que seu dia:
(1) Terá algum imprevisto, um acontecimento que mude a rotina.
(2) Transcorrerá exatamente conforme o rotineiro e planejado.

36. No cotidiano (ao se relacionar com outras pessoas, no ambiente de trabalho, ao ver um filme etc.), você recorre mais:
(1) Ao elogio.
(2) À crítica.

37. Nos ambientes de trabalho pelos quais passou, você:
(1) Fez muitas amizades pessoais a ponto de frequentar a casa do outro e conhecer seus familiares.
(2) Fez poucas amizades pessoais.

38. Ao avaliar uma situação, você:
(1) Presta atenção essencialmente ao que é real, palpável.
(2) Leva em conta o "sexto sentido", aquilo que não é tão palpável.

39. Ao se mudar para um novo prédio ou bairro, você:
(1) Cria situações de aproximação com os vizinhos.
(2) Espera a aproximação ocorrer naturalmente.

40. Em trabalhos de ficção, como filmes e livros, você se identifica mais com:
(1) Um personagem que usa a lógica e a inteligência para colocar na cadeia o responsável por um crime que o tenha prejudicado.
(2) Um personagem que age levado pela emoção e se vinga diretamente do criminoso.

41. Ao planejar a compra de um carro novo, você tende a:
(1) Escolher de antemão o modelo ou a marca e, a partir daí, procurar o melhor preço e as melhores condições de pagamento.
(2) Levar em conta diferentes modelos e marcas ao pesquisar preços e condições de pagamento.

42. Ao receber uma tarefa iniciada por outra pessoa, mas que esteja ainda longe de ser concluída (organizar um fichário, por exemplo), você:
(1) Tenta ao máximo entender o que já foi feito para seguir a partir dali.
(2) Prefere ter liberdade para definir sua própria estratégia e começar do zero.

43. Você se sente mais incomodado quando:
(1) Tem uma lista grande de tarefas a realizar.
(2) Consegue zerar a lista de tarefas a realizar.

44. Que definição combina melhor com você:
(1) Maleável e com facilidade para se adaptar.
(2) Organizado e metódico.

Quadro de resultados

Primeiro, converta cada resposta em letra, usando a tabela a seguir. Na última coluna, anote a letra correspondente a cada resposta:

Questão	Conversão da resposta	Letra
1	1 = I, 2 = E	
2	1 = E, 2 = I	
3	1 = F, 2 = T	
4	1 = N, 2 = S	
5	1 = N, 2 = S	
6	1 = T, 2 = F	
7	1 = S, 2 = N	
8	1 = E, 2 = I	
9	1 = J, 2 = P	
10	1 = J, 2 = P	
11	1 = I, 2 = E	
12	1 = E, 2 = I	
13	1 = N, 2 = S	
14	1 = T, 2 = F	
15	1 = E, 2 = I	
16	1 = T, 2 = F	
17	1 = S, 2 = N	
18	1 = P, 2 = J	
19	1 = T, 2 = F	
20	1 = N, 2 = S	
21	1 = F, 2 = T	
22	1 = S, 2 = N	

Questão	Conversão da resposta	Letra
23	1 = J, 2 = P	
24	1 = E, 2 = I	
25	1 = J, 2 = P	
26	1 = N, 2 = S	
27	1 = P, 2 = J	
28	1 = J, 2 = P	
29	1 = T, 2 = F	
30	1 = T, 2 = F	
31	1 = F, 2 = T	
32	1 = E, 2 = I	
33	1 = I, 2 = E	
34	1 = S, 2 = N	
35	1 = P, 2 = J	
36	1 = F, 2 = T	
37	1 = E, 2 = I	
38	1 = S, 2 = N	
39	1 = E, 2 = I	
40	1 = T, 2 = F	
41	1 = J, 2 = P	
42	1 = S, 2 = N	
43	1 = J, 2 = P	
44	1 = P, 2 = J	

Agora conte quantas vezes cada letra apareceu:

Letra	Vezes em que apareceu
E	
I	
S	
N	
T	
F	
J	
P	

Por fim, componha seu tipo respondendo às perguntas:

Quem apareceu mais?	Resposta
E ou I?	
S ou N?	
T ou F?	
J ou P?	

A coluna "resposta", lida de cima para baixo, é o seu tipo: ___________

Capítulo 4

Diretriz 2: Alocar

Marluce era excelente! Ela havia sido uma das primeiras colaboradoras da empresa, uma importadora de máquinas hospitalares. Marluce foi contratada porque seu currículo era simplesmente espetacular: formada em Engenharia Mecatrônica, havia feito uma especialização em Engenharia e Manutenção Hospitalar e tinha MBA em Gestão de Saúde e Administração Hospitalar. De fato, muito inteligente e conhecedora das duas áreas – máquinas e hospitais –, era considerada um verdadeiro achado para a diretoria da empresa.

Ela trabalhava na área de vendas, que requeria um grande conhecimento técnico – e isso ela tinha de sobra! A empresa, quando surgiu, era praticamente a única que importava e vendia alguns tipos de máquinas hospitalares, como respiradores ultramodernos, filtros de sangue e equipamentos de imagens. Apesar de o valor do tíquete ser bem alto, vendia como água. E Marluce ia muito bem: não importava qual era a meta de mês, ela batia todas.

Veio a pandemia de covid-19, que trouxe não só uma grande demanda por máquinas hospitalares, como também muitos concorrentes na área. A empresa agora não era mais a única do país que vendia esses maquinários, e seus equipamentos já começavam a encontrar também concorrentes de peso. A venda que antes era praticamente passiva – clínicas e hospitais ligavam pedindo que a empresa vendesse para eles, disputando para serem atendidos e terem prioridade de compra –, passou a exigir um trabalho ativo de prospecção e de convencimento de que era mais vantajoso comprar com eles do que com o concorrente.

Não se podia dizer que a demanda havia caído, pelo contrário, o mercado estava, mais do que nunca, necessitando de máquinas hospitalares de ponta, muitas clínicas foram ampliadas, muitos hospitais novos foram construídos, outros, modernizados. Mas era preciso disputar esses clientes com outras empresas importadoras do ramo.

Mesmo com os números de venda do mercado hospitalar como um todo crescendo, as cifras de vendas da Marluce vinham caindo mês a mês. Os diretores estavam transtornados com os resultados apresentados. Para eles, era incompreensível como alguém tão altamente gabaritado, que antes vendia tão bem, agora, de repente, não conseguia mais "chegar junto". Já tinham conversado diversas vezes com Marluce, que também não conseguia explicar o fenômeno da queda de vendas: "Em toda venda, eu explico detalhadamente as vantagens do maquinário. Apresento estatísticas que comprovam que é tecnologia de ponta, que o maquinário de fato salva vidas e ainda traz economia aos hospitais. Mostro em detalhes como tudo funciona, explico de maneira minuciosa cada diferencial, comento a rapidez e economia das peças de reposição e garantia de conserto, cito o seguro que damos de emprestar uma máquina nossa quando a deles precisar passar por reparo ou manutenção. Enfim, faço tudo com muita dedicação como sempre fiz, mas agora o resultado simplesmente não vem".

José Antônio, um dos diretores que mais apreço tinham por Marluce, por ter sido ele quem a entrevistou em sua contratação, não se conformava com a solução, a seu ver, simplória, que os demais cobravam: a demissão da profissional. Ele resolveu, por conta própria, buscar possíveis ferramentas para conseguir investigar melhor o caso. E foi então que conheceu o instrumento Indicador Tipológico. Pelo sim pelo não, apostou nisso, algo que ele enxergava como a última chance daquela profissional, até então maravilhosa.

Sob protestos dos demais diretores, José Antônio contratou uma consultoria para aplicar o questionário e analisar o resultado: "Se surtir efeito, a empresa paga pela contratação da consultoria. E vou além: implementa essa ferramenta no processo de contratação de todo e qualquer colaborador novo. Agora, se não houver nenhuma análise proveitosa, eu pago a consultoria do meu bolso e demitimos a Marluce".

José Antônio realmente acreditava que havia algo ali que eles não estavam enxergando.

Instrumento aplicado, análise feita, veio a constatação: Marluce era I (introvertida). Talvez o departamento mais inadequado para um introvertido seja o de vendas. Como alguém que tem toda uma ação interna consegue verbalizar torrencialmente até convencer alguém de uma compra? Como alguém com uma postura mais ensimesmada aborda um possível cliente e tem uma postura proativa de apresentar novidades e vantagens? Como alguém que gosta de número e se dá tão bem com máquinas consegue ter um bom desempenho sendo obrigado a lidar ostensivamente com pessoas?

E daí, nesse ponto, você, assim como os demais diretores, me pergunta: "Mas se Marluce vendia tão bem antes, como, do nada, ela parou de vender? E se ela faz tudo isso que afirma fazer em uma venda, como não está vendendo contêineres e mais contêineres de máquinas?".

As respostas são mais simples do que pareciam para eles, e estavam interligadas.

Primeiro: antes, Marluce não precisava prospectar venda nem convencer ninguém de que comprar com ela seria a melhor opção. Os clientes a procuravam, e ela só precisava lhes demonstrar que aquilo com que eles sonhavam existia – ou era até melhor! – e, para isso, usava todo o seu conhecimento técnico.

Venda garantida! Segundo: agora, ela de fato se esforçava e derramava sobre os interessados na compra todo o seu conhecimento técnico, mas: 1. ela só fazia isso com aqueles que chegavam até ela; 2. ela não tinha o dom da lábia de vendedores de tipo e; 3. apesar de demonstrar todas as maravilhas tecnicamente, ela acabava perdendo clientes que caíam no "canto da sereia" do concorrente, que não necessariamente tinha um equipamento ou atendimento melhores, mas sabia bem como dobrar o cliente.

Diante dessa descoberta, José Antônio concluiu: Marluce era a profissional certa para a empresa, mas alocada no departamento errado. Ele, então, criou um novo departamento especialmente para Marluce, que teria ligação direta com Vendas: o departamento de Comunicação Técnica.

Como Marluce era, até então, a vendedora com mais conhecimento técnico da equipe, ela dava, informalmente, suporte aos demais vendedores. Isso seria agora oficializado. Ela seria responsável por fazer a documentação técnica completa de todos os equipamentos. Essa documentação se desdobrava em quatro frentes: compunha uma brochura enviada aos clientes no momento da aquisição do maquinário; acompanhada de um vendedor "orador", Marluce dava um treinamento inicial à área de manutenção do cliente; ela também dava treinamentos técnicos à equipe de vendedores, para munir todos eles com os conhecimentos de que precisavam para efetivar as vendas; e ainda redigia todas as respostas de cunho técnico das reclamações e dúvidas recebidas por e-mail pela equipe do pós-venda.

Depois de seis meses na sua nova área, a diretoria estava muito contente, pois viu o reflexo dessa realocação nos números de vendas novas, vendas recorrentes, captação de novos clientes e altos índices de satisfação no pós-vendas. Já a equipe de vendas, que era comissionada, ficou tão impressionada com os resultados obtidos após receber a consultoria interna e oficial de Marluce, que decidiu ceder a ela uma porcentagem de toda a venda feita pelo time.

Marluce, dedicada que só ela, se inscreveu em uma nova pós-graduação EAD, em uma faculdade do Porto, em Portugal. Faria uma pós em Comunicação Técnica, para aperfeiçoar ainda mais seus manuais, relatórios e treinamentos – agora sem o sofrimento que era precisar dar um show para convencer clientes a fechar uma compra.

O FUTURO SABE ALOCAR

Como alocar colaboradores para resultado

A segunda diretriz que vai apoiar o enraizamento da cultura da empresa do futuro é garantir que as pessoas certas estejam nos lugares certos. Muitas vezes, temos aquele colaborador excelente, com excelente formação ou conhecimento técnico, entrosado na equipe, mas que não consegue mais sair daquele mesmo patamar, a performance não é satisfatória e os resultados não aparecem, mesmo com esforço e dedicação evidentes. Ele até aceita os desafios, mas, por vezes, parece que estão mesmo fora do alcance desse profissional. O que fazer quando isso acontece? Será que simplesmente demitir e contratar outro colaborador é a solução? Mesmo você percebendo que esse colaborador pode ser valioso para a sua empresa? Você não estaria desperdiçando um talento com muitas habilidades e competências?

Há ainda aquele colaborador que já está na empresa há muitos anos. Conhece de olhos fechados todos os produtos, sabe de cor e salteado todos os procedimentos ou serviços realizados. É como um guardião da história de tudo o que a companhia já passou. Uma fonte de consulta e inspiração para o restante da equipe, mas não consegue mais entregar o resultado que se espera dele na função que desempenha. Se outrora foi o "funcionário do mês", agora ainda é uma referência; contudo, não performa mais. O que fazer com ele? Simplesmente agradecer e desligá-lo, desprezando todo esse histórico?

O mundo mudou e está mudando constantemente. Esse colaborador já não pode mais exercer o mesmo papel que exercia há dez anos. Pense que é como manter a mesma estratégia de combate da Primeira Guerra Mundial nos dias de hoje. Não funciona! O *marketing* da década passada não funciona mais hoje e o de hoje terá de evoluir no próximo mês, e será assim com todos os setores de qualquer negócio.

Então, agora que você já sabe como contratar de maneira eficaz, fugindo do esquema antigo de contratação pelo famoso "o santo bateu", vai precisar entender como realocar aqueles colaboradores que são, muitas vezes, valiosos, pois conhecem muito bem a estrutura, a história, os valores da empresa, ou, até mesmo, aqueles que acabaram de chegar, mas que não estão se saindo tão bem como você previra. Isso não só é possível, como pode ser bastante proveitoso para a sua empresa.

Os tipos psicológicos e a casa de Carl Jung

Aos poucos, você vai percebendo quanto o indicador tipológico é explorado dentro das empresas para garantir que o trabalho seja um local confortável, em que as exigências sempre estejam de acordo com o que as pessoas podem fazer, com o que gostam de fazer, com o que fazem de melhor e com o que é da natureza delas realizar. Na contemporaneidade, o desgaste esvai as relações, então, quanto menos isso acontecer, mais os vínculos corporativos se fortalecerão.

Um dia, houve um naufrágio. Desse acidente, sobraram apenas a rã, o rato e o escorpião em uma pequena ilha. Durante os primeiros dias, os três se encaravam sem saber se poderiam confiar ou não uns nos outros. Até que a rã iniciou o diálogo dizendo que, se eles não se ajudassem, iriam morrer. Então, os três listaram suas habilidades, traçaram um plano e decidiram que, no dia seguinte, iriam colocá-lo em prática. Como já tinham estabelecido certa confiança mútua, foram dormir. Pela manhã, a rã acordou e se deparou com o rato estatelado. Logo começou a confabulação, e a acusação do escorpião era uma consequência certa. Ele negou e, para tentar se redimir, se ofereceu para capturar uma presa na ilha que havia próximo a eles. Porém, para isso, precisaria da ajuda da rã para ultrapassar o mar. Muito relutante e após muitos discursos persuasivos do escorpião, ela cedeu. Durante o caminho, tudo seguiu como o previsto. Mas chegou um momento em que o escorpião começou a contorcer-se e, mesmo ouvindo seu "anjinho" da consciência, traiu o combinado com a amiga rã, picando-a. Os dois, então, morreram; a rã pela fatalidade, e o escorpião, afogado, pois não sabia nadar. Ambos haviam acreditado que nada de errado iria acontecer, mas a nossa natureza é mais forte que a nossa vontade. O escorpião não pôde trair sua essência, por mais que tentasse e se esforçasse.

Lembre-se dos escorpiões que você tem na sua empresa. Será que eles já não produzem resultados por estarem fugindo da sua essência?

Pensando nisso, a primeira atitude que você deve tomar em relação àqueles que estão mal alocados é recolher a tipologia, caso isso ainda não tenha sido feito – use o instrumento Indicador Tipológico, apresentado no Capítulo 3 –, e pensar no local onde a tipologia desse colaborador pode ser capaz de se desenvolver melhor com base nos impulsos atitudinais.

Para que a realocação seja mesmo precisa, é necessário identificar certos padrões de funcionamento dentre as tipologias. E Jung fez isso ao estabelecer um símile com o padrão de sustentamento e composição de uma casa, em que é possível notar alguns agrupamentos dos tipos psicológicos com base nas características de cada um deles.

Apresento a seguir a versão de Nando Garcia da casa de Jung.

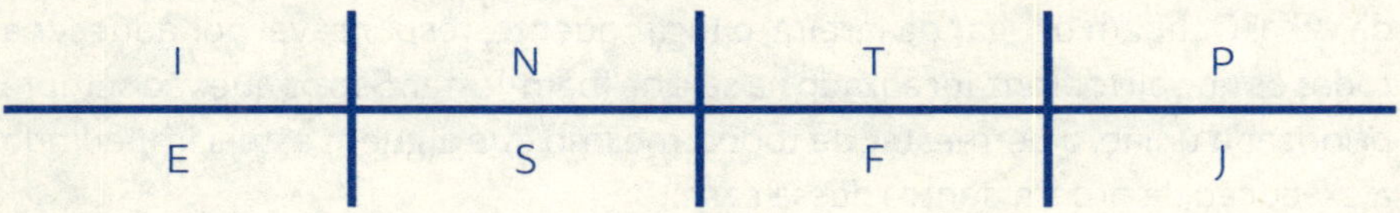

I	N	T	P
E	S	F	J

O sótão

No sótão dessa casa, na parte superior, onde estão todos os introvertidos (I), há espaço para a criação e, também, silêncio para a concentração. É o ambiente de profundidade e estudo, onde os introvertidos alimentam a sua energia interior e exercem melhor suas funções.

Dentro da casa

Quando descemos para a parte inferior, temos os extrovertidos (E) ocupando os espaços onde tudo acontece, onde é preciso lavar a roupa, a louça, cuidar dos filhos, conversar com a família, quase tudo ao mesmo tempo. É o local onde extrovertidos podem externalizar toda a sua energia por meio da socialização, interação e também por meio do acúmulo de funções.

A porta de entrada

Os Ss (sensação) são a parede da frente da casa, onde fica a porta de entrada, pois recebem os entregadores, veem quem pode ou não entrar ou sair, quem sai para trabalhar e quem interage com o mundo prático e real. São os colaboradores que trabalham com a praticidade, com a objetividade e lidam bem com a mecanização.

A divisa para o quintal

Já os Ns (intuição) são a parede de trás da casa, que dá passagem para o quintal dos fundos e para a edícula de trabalho. Como em um laboratório, esses são os responsáveis pelos experimentos e pelas invenções. São eles que criam para dar ao S o que testar no mundo prático. Mas é essencial separar e diferenciar, pois os que estão na parte de cima são responsáveis pela concepção das ideias, mas os que estão na parte de baixo são os responsáveis por fazerem essas ideias ganharem corpo.

A sala de estar

Aqueles que carregam o sentimento (F), no tipo psicológico, são o coração da casa. Ocupam o lugar da lareira, o lugar quente, responsável por aquecer a todos os que ali moram, localizado na sala de (bem-)estar. São os que vão sempre priorizar a união, o bem-estar de todos, mesmo que alguém esteja impedindo a execução da ordem dentro dessa casa.

O muro de fora

Os Ts (pensamento) são a proteção rígida e fria da casa. São os responsáveis por dizer não, por proteger, por negar o outro sempre priorizando a situação e a ordem, não o sentimento alheio – atitudes que promovem a segurança e com a frieza necessária para proteger a casa a qualquer custo de problemas como invasões, ladrões e intempéries. Eles que decidem quem está proibido de entrar ou quem é preciso expulsar de dentro da casa. Sempre entendem que decisões drásticas são por um bem maior, entendem que é para a sobrevivência daqueles que estão dentro da casa.

O quartinho da bagunça

As linhas centrais, onde está a percepção (P), são o lugar da bagunça, daqueles que não têm prazos e regras rígidas e inflexíveis. Sim, podemos dizer que é o lugar da desordem. Ali, os enfeites e brinquedos caem, os controles remotos estão perdidos e as crianças estão puxando as cortinas, mas não tem problema, pois, no fim, tudo dará certo e as tarefas estarão cumpridas nesse grupo.

O alicerce

Ao contrário do quarto da bagunça, o alicerce da casa é onde tudo precisa estar em ordem: ter sido calculado, medido, cumprido para que a casa fique de pé. Ele não pode se desestabilizar, senão a casa cai. Este é o julgamento (J) no tipo psicológico; são aquelas pessoas que seguram a onda, segurando a bronca do que foi bagunçado, não deixando que isso interfira no funcionamento do restante da casa. É como se fossem a base da casa, pois, ao mesmo tempo que dão o alicerce para a turma da bagunça, fornecem estabilidade.

As vigas da casa – um exemplo de combinação

Sabe a junção das arestas? Os tipos que estão ocupando os cantinhos são os TJs, aqueles que são mais orientados para resultados. Sem eles, a casa não fica em pé, nenhuma das paredes se sustenta e nenhum dos cômodos existe.

Agora, imagine sua própria casa. Imagine um fogão dentro de seu quarto, ou uma almofada na pia da cozinha, pode até ser que caibam, mas isso causará estranhamento e a casa toda deixará de funcionar adequadamente. É o que acontece com os colaboradores de qualquer negócio. Eles precisam estar na área, na função e no cargo em que seu desempenho seja adequado, ajudando os demais colaboradores a performarem da melhor maneira possível também.

Use a teoria dos tipos psicológicos e a analogia da casa para evitar o *turnover* de equipe, o desgaste financeiro e o esgotamento entre os indivíduos que a inadequação de um colaborador em uma posição, departamento ou função causa. Cruze as informações e busque o lugar ideal para que esses profissionais realocados encontrem, na sua empresa, um espaço que lhes permita trabalhar com possibilidade de desenvolvimento e mais naturalidade para que esse desenvolvimento ocorra.

A questão geracional

Na época dos nossos avós, até mesmo dos nossos pais, as pessoas viviam menos – muito menos. Antigamente, a expectativa de vida era bem mais baixa que a de hoje. Em 2021, o IBGE declarou que a expectativa média do brasileiro era de 77 anos,[5] e esse dado chama mais atenção quando observamos que de 1940 para 2019 a expectativa de vida do brasileiro aumentou cerca de trinta anos.[6] E, obviamente, essa nova realidade se reflete no mercado de trabalho. Segundo um relatório do Cadastro Geral de Empregados e Desempregados (Caged), divulgado em 2022, a projeção é que, em 2040, mais de 57% da força de trabalho brasileira terá mais de 45 anos.[7]

Em paralelo a isso, há também uma alteração no modo de viver e se comportar das gerações. Se no passado as gerações demoravam em torno de vinte e cinco anos para mudar e alterar suas tendências, a regeneração está ficando cada vez mais acelerada. Na prática, e aliando às demais informações que aqui apresentei, isso quer dizer que, nas empresas, vamos ter várias gerações trabalhando lado a lado, forçando os negócios a enxergarem as diferenças geracionais – para o bem e para o mal – e precisando aprender a tirar proveito disso.

---

5 PUENTE, B. Expectativa de vida sobe de 76,8 para 77 anos no Brasil, diz IBGE. **CNN Brasil**, 25 nov. 2022. Disponível em: https://www.cnnbrasil.com.br/nacional/expectativa-de-vida-sobe-de-768-para-77-anos-no-brasil-diz-ibge/. Acesso em: 25 ago. 2023.

6 EM 2019, expectativa de vida era de 76,6 anos. **Agência IBGE Notícias**, 20 nov. 2020. Disponível em: https://agenciadenoticias.ibge.gov.br/agencia-sala-de-imprensa/2013-agencia-de-noticias/releases/29502-em-2019-expectativa-de-vida-era-de-76-6-anos. Acesso em: 25 ago. 2023.

7 OCCHIPINTI, G. M. Pesquisa inédita: 57% da força de trabalho terá mais de 45 anos em 2040, mas poucas empresas estão se preparando. **MoneyTimes**, 19 ago. 2022. Disponível em: https://www.moneytimes.com.br/pesquisa-inedita-57-da-forca-de-trabalho-brasileira-tera-mais-de-45-anos-em-2040-mas-poucas-empresas-estao-se-preparando/. Acesso em: 25 ago. 2023.

Esse tema será um assunto tratado por diversos espectros durante o livro, pois, entendendo quão desafiador é para todos os donos de negócios lidar com tudo o que as gerações representam, acredito que é necessário se aprofundar nas diferenças biológicas, psicológicas e sociais das pessoas mais velhas e das mais jovens – mas isso será visto em detalhe no Capítulo 7. Aqui vou enfocar, assim como foi feito com os tipos psicológicos, quais as principais características de cada geração, de maneira geral, para que você tenha clareza onde as habilidades e características de cada uma delas podem ser mais bem desenvolvidas e aplicadas dentro do seu negócio.

Boomers

Os *boomers* são os nascidos entre 1926 e 1945. Teoricamente, esse grupo já não faz mais parte da População Economicamente Ativa (PEA), mas é possível que você tenha pessoas dessa geração na sua empresa. Elas são modelos inspiracionais e costumam estar na empresa há tempos, sendo também verdadeiros registros históricos da organização, fazendo com que as raízes dela não se percam, lembrando-nos de onde viemos. Podem dar um equilíbrio interessante a conselhos e comissões, trazendo experiências, vivências e mesmo o olhar de um público que não costuma mais ser ouvido hoje em dia.

Boomers		
1926-1945		
Tradicionais	Leais	Pragmáticos
Dedicados	Formais	Disciplinados

Baby boomers

Os *baby boomers* são os nascidos entre 1946 e 1964. Após sair da guerra, eles aprenderam a produzir. Então, começaram a "olhar mais para o vizinho" para estabelecer relações, sendo muito competitivos, sem abrir mão dos detalhes. Dos *boomers*, eles herdaram a capacidade de reter, o que se traduz em trabalhar bastante para usufruir no futuro. Conhecidos como a geração mais produtiva que já houve, se ainda estiverem na ativa, não costumam querer largar o batente. E, como são daqueles que "vestem a camisa", são ótimos profissionais para, além de participar de conselhos e comissões, levarem o nome e os produtos da empresa como embaixadores, além de conferirem autoridade e confiança onde estiverem alocados.

Baby boomers		
1946-1964		
Sabem trabalhar sob pressão	Liderar significa comandar e controlar	Priorizam o trabalho
Muito produtivos	"Vestem a camisa"	Reconhecidos por sua experiência

Geração X

A geração X compreende os nascidos entre 1965 e 1983. Ela topa trabalhar bastante, mas tem o foco em usufruir os frutos do seu trabalho no mesmo momento. Nasce, então, a geração com a mente mais empreendedora, porém também a mais em conflito – chamada de geração *leasing*. Quando não são os próprios donos de negócios, trazem um espírito intraempreendedor, que faz com que tenham atitude de dono, o que se reflete em engajamento, proatividade, colaboração, comunicação, responsabilidade e autogerenciamento. No novo normal, os cargos de controle, supervisão e coordenação terão de ser assumidos por profissionais mais maduros, pela geração X; mas, como a X herdou a comparação com os *baby boomers*, ela se sente ameaçada pelos Y.

Geração X		
1965-1983		
Trabalham em equipe	Encaram novos desafios	Empreendedores
Pragmáticos	Atitude de dono	Equilíbrio entre vida pessoal e profissional

Geração Y

A geração Y compreende os nascidos entre 1984 e 1995. Eles são conhecidos como *millennials*. Sem abrir mão de gerenciar simultaneamente a vida pessoal e a profissional, são multitarefas, querem flexibilidade e desejam ter e realizar tudo no aqui e agora. Sofisticados tecnologicamente, buscam inovar e encontrar o "pulo do gato" a todo custo. Não são voltados à construção da hierarquia futura – ser diretor, por exemplo – e, como não apresentam consistência em seu trabalho, tendem a errar mais, assim, não costumam ser indicados para cargos de coordenação. Aliando isso ao fato de não se adaptarem bem a um trabalho sem perspectiva de fim, aloque-os sempre em projetos, novos desafios e *jobs* de ciclos fechados (com datas de início e término definidas), em que percebam agilidade, movimentação e renovação. Os profissionais dessa geração não se sentem ameaçados por nenhuma outra geração, afinal, eles não têm apego, são voltados ao *estar* e não ao *ser* – e, por essa razão, precisam receber constantemente feedbacks positivos.

Geração Y		
1984-1995		
Imediatistas	Multitarefas	Tecnológicos
Inovadores	Priorizam a flexibilidade	Valorizam o *estar*

Geração Z

A geração Z compreende os nascidos entre 1996 e 2014. São os chamados "nativos digitais". É a geração do amanhã. A mais individualista das gerações e, por isso, funciona bem em um ambiente de trabalho movido a premiações. Por nascerem imersos no ambiente digital, são voltados aos *games* e mais retidos pela "gameficação" – sistema de pontos nas empresas – e sabem lidar melhor com a tecnologia do que as outras gerações. São internacionalizados, afinal nasceram em um mundo globalizado. Não nutrem vínculos, são desapegados de bens e mostram um descompromisso com a obrigação, portanto, têm menos comprometimento e precisarão ser presos pelo afeto.

Geração Z		
1996-2014		
Muito imediatistas	Globalizados	Impacientes
Individualistas	Necessitam de recompensa	Descompromissados

Perceba que, além de saber alocar os mais novos colaboradores, sua empresa precisa estar se tornando um lugar atrativo para as novas gerações e, para isso, deve contar com um gestor de pessoas preparado para lidar, desenvolver e reter as gerações mais novas. Esteja preparado para sair mais com seus colaboradores, para comemorar mais aniversários e para reuni-los com mais frequência em um ambiente descontraído. Mas não só de festa viverão as empresas do futuro, as novas gerações também o ajudarão a lidar melhor com a implementação e com a descoberta de novas tecnologias que vão solidificá-lo no futuro e otimizar os seus resultados.

As diferenças de gênero

Já sabemos que os tipos psicológicos são características herdadas biologicamente, ligadas de maneira direta ao psicológico e que podem ser estimuladas ou reprimidas pelo ambiente social. Então, assim como temos um tipo psicológico biopsicossocial, nascemos também com um gênero – feminino ou masculino – com contornos cada vez mais esfumaçados, mas com algumas tendências próprias da evolução da espécie e da inserção social que estabelecem alguns padrões comportamentais. Vejamos alguns deles.

A mulher

- Parcerias;
- Fraternalismo;
- Menos autoritarismo;
- Facilidade em ouvir o que os outros pensam;
- Habilidades interpessoais (negociação, resolução de conflitos);
- Preocupação no desenvolvimento dos liderados;
- Motivação baseada na inspiração;
- Interdependência;
- Cooperação.

Quando traduzimos na prática essas características, podemos ler que mulheres são as melhores profissionais para ocuparem os cargos que façam a manutenção das equipes, pois elas são as principais responsáveis por estabelecer a força centrípeta afetiva dentro dos negócios; performam bem em cargos em que precisam desenvolver pessoas; criam ambientes de trabalho baseados na cooperação; se destacam positivamente em funções que requerem cativar a fidelização do cliente, pela facilidade de retenção de relacionamentos; selecionam a dedo os parceiros e os clientes que permanecem na empresa; são ideais para implementar as transformações na cultura da empresa; e são excelentes para conciliar vozes em resoluções de problemas corporativos.

Quando trabalha com o público externo, o gênero feminino, em geral, será o principal responsável por entender a necessidade das pessoas além do produto ou serviço ofertado, pois subverte o olhar e humaniza o processo de compra e venda. Ao trabalhar com o público em uma venda de carros, por exemplo, a mulher tende a convencer o cliente pelas razões afetivas que envolvem a vida e o produto de acordo com o que ela é capaz de observar nos momentos de contato com o comprador.

O homem

- Ajuda para competir;
- Paternalismo;
- Maior autoritarismo;

- Motivação baseada em recompensas;
- Relação de poder baseada em posição;
- Líder, ele toma as decisões;
- Liderados obedecem;
- Ouvir para verificar se está errado, para decidir;
- Regras rígidas;
- Estilo luta de predominância;
- Impessoalidade nas relações.

São os profissionais que ficarão bem em cargos que exigem decisões rápidas, sem consulta à equipe, pois acreditam que compartilhar decisões é desnecessário para tomar decisões; gostam de implementar processos; tendem a funcionar bem em cargos que atuam sob pressão; são bons captadores comerciais, pois gostam de abraçar muitas oportunidades; desenvolvem-se bem em cargos que os farão enxergar os resultados quantitativos e alcançar um status por isso; são bons seguindo e estabelecendo a coluna vertebral das empresas.

Em interação externa, por exemplo, será o responsável por pensar somente na venda, para isso, em vez de humanizar o que é ofertado, ele oferece outras coisas materiais ou recompensas financeiras, como brindes ou serviços exclusivos, agregando certo status ao cliente, pois é assim que ele gostaria também de ser visto. O gênero masculino, portanto, vai olhar, acima de tudo, para a meta que ele precisa bater e tomar decisões de venda com esse olhar.

Claro que ambos os gêneros podem desenvolver as habilidades próprias do outro, mas, em linhas gerais, esses são os lugares em que cada um deles se sente mais à vontade ou tem mais facilidade para se desenvolver.

Lócus interno e externo

Além desses conhecimentos sobre as características de cada pessoa seguindo suas tendências comportamentais natas, geracionais e moldadas socialmente de acordo com seu gênero, vou trazer para você um perfil atitudinal que escancara o intraempreendedorismo existente – ou não – em cada colaborador.

Assim, no momento de mobilizar e cruzar informações que subsidiem a realocação de colaboradores, há também a aplicação de um instrumento desenvolvido por um psicólogo norte-americano, Julian Rotter, que se dedicou a estudar a diferenciação entre personalidade e conduta empreendedora.

Em seus estudos da área comportamental, ele descobriu que grande parte dos indivíduos são modelados na segunda infância e na adolescência, quando começam a depositar crenças em situações-problema. A teoria desenvolvida por ele ficou conhecida como **lócus de controle**, e ela busca entender quanto que, diante de situações-problema, algumas pessoas são dominadas ora por uma força externa (em que o indivíduo não acredita ser possível superar tal situação por não ter controle sobre ela, despejando a responsabilidade sobre o ambiente), ora por uma força interna (em que ele acredita ser possível, com persistência e trabalho interno, dominar a situação).

É importante destacar que, ao contrário do tipo psicológico, o lócus de controle varia de acordo com o que o meio exige, então, muitas vezes o seu colaborador pode ter um sistema de crenças consolidado pela segunda infância e pela adolescência, mas lutar contra essas crenças de acordo com o que o meio de trabalho está exigindo dele.

Portanto, esse instrumento é como uma fotografia datada, que recolhe um momento da vida desse colaborador, que, em algumas ocasiões, pode acreditar não ser possível mudar o rumo de seu sucesso e o "destino" das situações – lócus externo predominante – e, em outras, acreditar que pode confiar no seu próprio taco e mudar o curso do rio – lócus interno predominante. Mas isso sempre vai variar de acordo com o estado disposicional (atitudinal) do indivíduo.

No momento de entender melhor como realizar a realocação, aplique, então, o Inventário de Orientação Empreendedora (que vamos abordar no final deste capítulo), para compreender como está o lócus de controle de seus colaboradores.

Quando decidir usar o lócus de controle para a realocação, lembre-se de que ele é um instrumento para medir o controle daquele momento da vida do funcionário e que o futuro dele na empresa pode ser decisivo para o desenvolvimento positivo ou negativo. Então, quando um colaborador estiver com o lócus interno baixo, aloque-o para onde ele tenha mais confiança no taco. Ele precisa estar em uma área sem muitos desafios, onde ele possa apenas mostrar o que ele sabe de melhor dentro da empresa. Agora, não é o momento de desafiá-lo em uma liderança ou em cargos que tomem rumos decisivos para o seu negócio. Já se o lócus interno estiver alto, esse profissional está pronto para se desenvolver e se sente seguro para ser desafiado tanto dentro do ambiente de trabalho quanto na vida pessoal.

Agora, basta alocar!

A ideia aqui é que você analise os prós e os contras de abrir mão de um colaborador. Não necessariamente ele é um profissional que não performa, mas talvez – e possivelmente – esteja inserido na função ou departamento errado para as suas características e habilidades. Realocar colaboradores traz – além de um ambiente mais seguro e amigável para quem já faz parte da empresa – economia de dinheiro, tempo e esforços, afinal, se alguém que já está inserido na empresa conhece sua cultura e é um profissional bem preparado, por que não possibilitar uma função, um projeto ou uma área em que ele possa desenvolver e mostrar todo o seu potencial? A empresa e a pessoa só têm a ganhar com isso!

Construindo o futuro na prática

Um dos instrumentos básicos que citei neste capítulo é o Inventário de Orientação Empreendedora. Deixo aqui o questionário para você já começar a aplicá-lo. Quem sabe, inclusive, você não poderia ser o primeiro a respondê-lo?

Inventário de Orientação Empreendedora

Desenvolvido por Cogni-MGR

Instruções

Distribua cinco pontos em cada par de afirmações a seguir, destinando a maior parte dos pontos para aquela com a qual você concordar mais. Por exemplo: na questão 1, se você concordar plenamente com a afirmação A e discordar totalmente da afirmação B, cinco pontos ficarão para a A e zero para a B. Já na questão 2, se você concordar em grande parte com a A e só um pouco com a B, quatro pontos ficarão na A e um ponto na B.

1

a) A capacidade de um empreendedor tem pouca influência sobre o sucesso que ele obtém, porque isso depende de muitos outros fatores. ☐

b) Um empreendedor capaz sempre consegue definir o destino do seu negócio. ☐

2

a) Empreendedorismo é um dom que nasce com a pessoa. ☐

b) É possível desenvolver o empreendedorismo ao longo da vida ☐

3

a) A competência dos concorrentes define se um vendedor conseguirá vender seus produtos. ☐

b) Um vendedor capaz sempre consegue vender seus produtos, mesmo com bons concorrentes. ☐

4

a) O planejamento é um fator determinante para o sucesso de um empreendimento. ☐

b) O planejamento não define o sucesso de um empreendimento, porque sempre surgem fatores inesperados que se tornam mais decisivos. ☐

5

a) A condição econômica da pessoa é essencial para que ela se transforme em uma empreendedora de sucesso. ☐

b) Um empreendedor pode se tornar sucesso independentemente da condição econômica. ☐

6

a) Os erros dos empreendedores surgem principalmente da sua própria falta de habilidade e de percepção. ☐

b) Os erros dos empreendedores surgem principalmente de fatores sobre os quais eles não têm controle. ☐

7

a) Os empreendedores são frequentemente vitimados por fatores conjunturais que sequer chegam a compreender plenamente. ☐

b) A informação e o envolvimento em temas sociais, políticos e econômicos podem levar os empreendedores a compreender todos os fatores que afetam seu negócio. ☐

8

a) Obter um empréstimo depende sobretudo da boa vontade do banco. ☐

b) Obter um empréstimo depende sobretudo da viabilidade do plano de negócio. ☐

9

a) Buscar informações com vários fornecedores antes de comprar matéria-prima é essencial para obter o melhor produto. ☐

b) Não há por que perder tempo coletando informações: a qualidade do produto que se compra está diretamente relacionada ao valor que se paga. ☐

10

a) Ter ou não lucro depende da sorte. ☐

b) Ter ou não lucro depende da competência. ☐

11

a) Há pessoas que, por suas características, jamais terão sucesso como empreendedoras. ☐

b) É possível desenvolver capacidade empreendedora em pessoas com qualquer tipo de perfil. ☐

12

a) As origens sociais de uma pessoa definem se ela terá sucesso como empreendedora. ☐

b) Não importam as origens sociais; o esforço e a capacidade da pessoa podem levá-la ao sucesso como empreendedora. ☐

13

a) Não há como escapar dos entraves causados pela burocracia (órgãos do governo, funcionários públicos, bancos). ☐
b) É possível não depender da burocracia. ☐

14

a) O mercado se tornou tão imprevisível que é aceitável empreendedores de visão errarem. ☐
b) Um empreendedor deve culpar a si próprio pelos seus erros de percepção. ☐

15

a) O destino de cada um depende de seus próprios esforços. ☐
b) Tentar mudar o destino de alguém é inútil. O que tiver que ser, será. ☐

16

a) Há muitas circunstâncias que escapam ao controle do empreendedor. ☐
b) Os empreendedores fazem suas próprias circunstâncias. ☐

17

a) Não importa quanto nos esforçamos, só conseguimos realizar o que está reservado pelo destino. ☐
b) Os resultados que obtemos dependem dos nossos esforços. ☐

18

a) A eficácia de uma organização depende sobretudo da existência de pessoas competentes. ☐
b) Por mais competentes que sejam os profissionais de uma empresa, as condições socioeconômicas podem levá-la a enfrentar sérios problemas. ☐

19

a) Às vezes é melhor deixar as coisas se encaminharem sozinhas, ao acaso. ☐
b) Agir para resolver os problemas é sempre melhor do que deixá-los ao acaso. ☐

20

a) A competência no trabalho sempre será reconhecida. ☐
b) Por mais que alguém seja competente, ele depende dos contatos para crescer. ☐

Transfira seus pontos para a tabela a seguir e faça a soma do total.

Controle interno	Controle externo
1B	1A
2B	2A
3B	3A
4A	4B
5B	5A
6A	6B
7B	7A
8B	8A
9A	9B
10B	10A
11B	11A
12B	12A
13B	13A
14B	14A
15A	15B
16B	16A
17B	17A
18A	18B
19B	19A
20A	20B
Total do controle interno:	Total do controle externo:

Divida o total do controle interno pelo total do controle externo.

C.I. ÷ C.E. = Total

_______ ÷ _______ = ______

Com o resultado em mãos, compare-o com os parâmetros predefinidos a seguir.

- *Abaixo de 1,0*: Alto nível de orientação por controle externo, com baixas possibilidades de ganhar destaque profissional.
- *Entre 1,0 e 2,9*: Até pode vir a obter um bom desenvolvimento profissional, mas é importante aumentar o nível de controle interno nas atividades profissionais.
- *Entre 3,0 e 4,9*: Indica bom nível de controle interno, com possibilidades de se destacar profissionalmente sem precisar de incentivo externo.
- *Entre 5,0 e 6,9*: Excelente nível de controle externo, com grandes possibilidades de destaque profissional.
- *De 7,0 em diante*: Indica um nível de controle interno fora do comum. Dificilmente suportará estruturas corporativas muito rígidas.

A pontuação máxima esperada é 9,99. Caso a pontuação tenha dado acima disso, é um sinal de que as respostas estão desbalanceadas.

Capítulo 5

Diretriz 3: Treinar e resolver

"Pai, para que servem esses cadernos que você fica inventando?", perguntou Liz, uma pequena jovem de 12 anos que cresceu vendo o pai furando folhas, imprimindo fotos, criando listas e traçando alguns desenhos em cadernos que se renovavam mês a mês, mas que eram assiduamente consultados, acrescidos e riscados todos os dias antes da hora de dormir.

O pai, chamado Rui, sempre bem-humorado respondeu àquela pré-adolescente: "Eles são meus amigos. Eles que me ajudam a conseguir tudo o que temos".

Liz não se conformava com essa resposta e, quase não se aguentando de curiosidade, questionava a mãe, Laura, sobre o que havia ali naquelas páginas, mas a mãe só respondia: "Ah, filha, é mania do seu pai. Desde que nos conhecemos, ele faz isso".

A menina cresceu com uma curiosidade imensa para saber o que eram aqueles cadernos tão remexidos, que dia a dia ficavam tão recheados, com folhas que quase rasgavam de tanto material anexado.

Ela percebia que o pai tinha o caderno como uma de suas melhores companhias. Em dias tristes, ele se sentava com alguns de seus cadernos no sofá e virava as páginas emotivo; em dias estressantes, fazia listas que não acabavam mais; e, em dias tranquilos, a pequena via alguns desenhos tomando forma e um marca-textos que pintava linhas e mais linhas daquele caderno.

Liz, ao mesmo tempo que morria de curiosidade, sentia que aquilo era uma atividade muito íntima do pai e, em vez de tentar descobrir o que era, começou a colecionar algumas agendas e fazê-las a seu próprio modo. Ela não sabia ao certo para o que serviria aquela coleção, tentava apenas reproduzir aquilo que via o pai fazendo, mas de maneira muito intuitiva. Então, em algumas páginas havia alguns sonhos; em umas, confissões; em outras, registros de momentos importantes.

Enfim, os anos passaram, a família foi crescendo, e, em uma virada de ano, decidiram fazer uma viagem à praia. Daquelas que ninguém se desgruda. Então, na noite de Ano-Novo, aquela família que até bolão da loteria havia feito, sentou-se em frente à televisão e esperou ansiosa o início do sorteio dos números.

Rui, então, fez a pergunta do milhão: "O que vocês fariam se ganhassem na loteria?".

A primeira resposta que saltou aos ouvidos do grupo foi a de seu irmão, Luiz: "Ah, Rui, eu sei lá! Você acredita mesmo nisso?".

Ninguém ali tinha entendido o que Luiz queria dizer. Rui deu risada e respondeu: "Viu só? É por isso que a gente não ganha o bolão!".

Ele se levantou e foi até o quarto. Todo mundo ficou parado, na expectativa do que viria ali. Ele, então, voltou com um de seus cadernos e, a cada passo que o pai dava, Liz arregalava os olhos de felicidade, esperando tão aguardada revelação mágica sobre o que havia ali dentro.

Rui, então, sentou-se ao centro do grupo e abriu seu imenso caderno do mês de dezembro e mostrou seus inúmeros planejamentos, suas recordações de quando algum plano se concretizava, suas metas para o próximo ano, seus sonhos distribuídos em metas específicas e, na última página, os números que havia apostado na loteria com uma extensa lista do que faria com a grana que ganhasse. Depois de um longo tempo de admiração, perguntas, revelações e comoção, Rui disse: "Se vocês não souberem aonde querem chegar, de nada adianta apostar".

Eles não ganharam o prêmio da loteria com aquele bolão. Talvez Rui tivesse razão, afinal, tirando ele, ninguém que estava no bolão tinha um planejamento detalhado e específico do que fazer com a grana do prêmio.

Depois de muitos anos, quando o pai faleceu, Liz descobriu que Rui havia ganhado algumas vezes na loteria. Não o prêmio maior, mas havia faturado diversas vezes quadras e quinas. Se aquilo era o resultado de uma recompensa do Universo pelos planos, pelas metas e visões que tinha delineado e lapidado ao longo de sua vida, nunca saberemos. Mas fato é que, lendo os cadernos do pai, Liz reconheceu muito do que a família tinha nas frases que preenchiam suas muitas páginas: os carros, as viagens feitas, a casa em que viveram, os demais imóveis adquiridos pelo pai, as conquistas da empresa dele, os cursos e estudos que os filhos fizeram com a ajuda financeira de Rui...

No final do último caderno usado pelo pai, ela encontrou um bilhete da loteria preenchido. Será que aqueles seriam seu número da sorte?

Mas, seguindo fielmente os ensinamentos do pai, resolveu que só apostaria aqueles números depois de fazer seu próprio caderno com visões futuras. Afinal, antes de qualquer coisa, precisaria saber como empregar a grana do prêmio quando faturasse na loteria!

O FUTURO PRECISA MOLDAR OS COLABORADORES

Como voltar o cérebro dos colaboradores para resultados

Nesta diretriz, vamos entender como funciona o processo de aprendizagem de um adulto, uma vez que pretendemos sempre estar em crescimento contratando novas pessoas, treinando aquelas que já estão conosco e reestruturando nossa cultura empresarial com visão para o futuro. Além disso, vamos compreender como as estruturas cerebrais funcionam quando os colaboradores estão em busca de resultados.

Para começar, vou destrinchar os conceitos da teoria de aprendizagem por modelagem, ou teoria da aprendizagem social, desenvolvida pelo psicólogo canadense Albert Bandura.[8]

Aprendizagem social

A aprendizagem social, um conceito que se popularizou na década de 1970, se dá pela observação que um aprendiz faz dos comportamentos das pessoas com quem ele mais convive – amigos, parentes, cônjuges etc. Já a modelação engloba esse processo de aprendizagem social, formado pela observação, e a consequente imitação dos comportamentos observados.

O que acontece, na prática, é que as interações sociais desenvolvem capacidades específicas nos seres humanos. Como maior exemplo disso temos a observação das crianças que aprendem a falar e a brincar a partir de imitações. Os adolescentes também formam seus gostos por roupas ou mesmo hábitos – inclusive os ruins, como o de fumar – por meio da reprodução do que observam. Já os adultos imitam a partir de outros referenciais, por exemplo, como educar seus filhos, os locais em que querem passar férias, as marcas de automóveis que desejam comprar, entre outras escolhas que permeiam o dia a dia.

E, nesse processo, há um fator relevante: a aprendizagem por observação será ainda mais intensa de acordo com a proximidade, com a carga afetiva e também com a identificação, seja a mesma idade, a mesma origem ou mesma classe social, por exemplo, da pessoa que imita com o sujeito imitado.

---

8 BANDURA, A.; AZZI, R. G. **Teoria social cognitiva**: diversos enfoques. Campinas: Mercado de Letras, 2021.

Para que novos aprendizados sejam conquistados, é preciso mudar ou inserir um novo Esquema Cognitivo Referencial Operacional (ECRO), a nossa ancoragem. Mas alterar um ECRO ou incorporar um novo ECRO não é uma tarefa fácil. Além do esforço e da força de vontade do aprendiz, é necessário que haja disposição e afeto do tutor em ensinar ou treinar.

Aprendizagem social nos negócios

Trazendo o conceito de aprendizagem social para o mundo dos negócios, pode-se dizer que o aprendizado direto é tão efetivo quanto o indireto. Para entender o que seriam esses aprendizados direto e indireto, imagine que um empregado ganhou uma espécie de bonificação por um desempenho extraordinário na empresa. Nesse caso, ele teve um comportamento positivo reforçado e, por conta desse reforço, tenderá a manter tal comportamento no decorrer do tempo futuro. Trata-se de um **aprendizado direto**. Os colegas dele, por sua vez, tenderão a imitá-lo, porque aprenderam que seu desempenho é valorizado – um caso de **aprendizado indireto**.

Perceba que ambos os modos de aprendizado estão relacionados, como uma cadeia de acontecimentos que incentivam a **orientação para resultados** e a aprendizagem da postura de colaborador dentro da empresa. Pense em quantas referências você teve e nos valores que pôde guardar dos exemplos que serviram para que você construísse sua empresa ou suas bases de atuação profissional.

Bandura, entretanto, acreditava que os seres humanos são capazes de aprender apenas por meio da observação do comportamento de seus semelhantes e das consequências de tais atitudes. Por exemplo: um aprendiz de uma empacotadora é capaz de deduzir como embalar os produtos somente observando e imitando o comportamento de um colega, sem que seja necessariamente preciso que um superior lhe fale o passo a passo detalhado desse processo, ou sem que haja a necessidade de qualquer reforço nesse sentido.

Assim, é possível que a pessoa que esteja aprendendo intervenha de maneira ativa em seu próprio processo de aprendizagem, não se limitando apenas a observar outrem ou a reproduzir seus atos cegamente – fazendo, em vez disso, uma interpretação pessoal desse comportamento no ato de modelá-lo.

Para melhor visualizar como isso acontece, voltemos ao exemplo da empacotadora: o aprendiz pode optar por, primeiro, montar todas as caixas e depois colocar os produtos dentro dela, ainda que tenha observado um funcionário montando e enchendo uma caixa por vez – tendo considerado que seu método é mais rápido e eficaz. A aprendizagem social por modelação, portanto, não é somente uma imitação, mas uma apropriação do conhecimento e adaptação por meio da postura ativa de um aprendiz.

Modelação e a aprendizagem vicária

Para que uma modelação seja efetiva, é necessário que ela ocorra com uma aprendizagem vicária, quer dizer, que veja aquele aprendizado na prática em uma situação real, não vale uma simulação.

Então o aprendiz precisa primeiro ver a aplicação real daquilo que se pretende ensinar a ele (A). Depois, ele faz uma aplicação prática daquilo que aprendeu (B). E precisa receber feedback positivo. Isso deve se repetir em ciclos de três vezes: AB, AB, AB. Só assim pode ser considerado modelado.

Caso ele não consiga performar, deve voltar ao começo do processo e tentar tudo novamente.

Agora, se o que está sendo modelo envolve grandes riscos, por exemplo, pilotar um avião, então os ciclos devem ser: A, A, A e depois B, B, B.

Apoiando-se nesse conceito, muitas vezes, para treinar um colaborador e orientá-lo para resultados, basta a empresa colocá-lo lado a lado daqueles colaboradores de alta performance, aqueles que vestem a camisa e são recompensados por isso.

A necessidade de modelos torna-se ainda mais essencial quando levamos em conta o nosso contexto histórico corporativo e social em que o *turnover* é quase a regra de funcionamento. É sempre preciso que os novos colaboradores sejam modelados ao observarem quem já desenvolve aquela função há tempos, para que a prática e a cultura de cada departamento ou atividade não se percam.

Para esmiuçar mais a aprendizagem por modelagem, ela é dividida em quatro princípios fundamentais: a **atenção**, a **retenção**, a **reprodução** e a **motivação** (ou interesse). Vamos entender cada um deles.

Atenção

A realidade é que nenhum ser humano presta atenção a tudo que se passa diante de seus olhos: todos nós, consciente ou inconscientemente, selecionamos modelos aos quais, de fato, dedicamos nossas atividades mentais. Essa seleção costuma ser feita de acordo com algum tipo de identificação que se insta. Outro aspecto que aumenta a atenção – e, consequentemente, a aderência ao modelo – é o status social da pessoa que está na posição de referência – quanto maior for esse status, maior será a possibilidade de imitação. O modelo deve ter um maior conhecimento operacional – saber como – e um maior conhecimento declarativo – saber sobre.

Retenção

Quando alguém ativamente presta atenção em alguma coisa, acontece, no cérebro dessa pessoa, um processo de codificação, tradução e armazenamento da informação apreendida. Isso vai sendo feito de acordo com uma organização por padrões, imagens e construções verbais. Os aprendizes que, de fato, transformam aquilo que observaram com atenção em códigos verbais ou imagens são capazes de reter essas informações com muito mais sucesso e eficácia do que aqueles que apenas prestaram atenção ao modelo. Assim, é fundamental lançar mão de artifícios que estimulem essa construção de imagens e palavras nos cérebros dos colaboradores, de modo que eles retenham melhor aquilo que observaram. Um grande trunfo aqui são feedbacks positivos de natureza eficaz.

Reprodução

Essa é a hora em que o aprendiz vai traduzir os conceitos simbólicos de comportamentos que ele armazenou na memória em ações correspondentes a eles, imitando-os, considerando seu próprio contexto e realidade. Permita o treino do leãozinho: começar dos menores desafios para conseguir chegar aos maiores desafios.

Motivação (ou interesse)

Para que determinado comportamento seja efetivamente executado, é necessário considerar o fator motivação. Para lançar mão da ação pretendida por alguém, o aprendiz deve estar motivado, interessado naquilo. Uma das maneiras de alcançar essa motivação ou esse interesse pode ser a utilização de incentivos e recompensas. Além disso, a Psicologia mostra que, em ambientes saudáveis, calmos e regulados, as pessoas costumam performar muito melhor do que em ambientes opressivos. Ou seja, é interessante investir na manutenção de um bom ambiente na empresa e estudar a possibilidade de bonificar determinadas ações. Isso treinará não apenas um colaborador, como também os demais, que vão querer ser bonificados e, assim, buscarão imitar o comportamento do colega recompensado.

Aprendizagem, aprofundamento e prática

Indo além das teorias de Bandura, mas tendo em mente esse referencial teórico, é preciso entender como os colaborados podem desenvolver competências que não se limitam apenas à observação, uma vez que já está posto que aprendizes (de quaisquer idades) precisam conviver com exemplos para que aprendam a estrutura e o modo de operação da empresa.

Um indivíduo pode desenvolver três tipos de competências referentes ao conhecimento, às habilidades e às atitudes. E é importante diferenciá-las, pois, para que cada uma seja desenvolvida, é necessária uma maneira de ensinamento específica: o **treinamento**, a **capacitação** e o **desenvolvimento**.

Seja lá qual for o tipo de ensinamento que se deva aplicar em cada caso, é importante saber que, em todos eles, há um trabalho ativo de aquisição de um novo ECRO, de competências ou habilidades e que esse processo, por si só, aumenta a angústia e gera insegurança no aprendiz. Portanto, o tutor precisará lançar mão de estratégias para desativar o sistema de ameaça que poderá se formar. Por exemplo, separar uma carga horária na semana só para este fim e disponibilizar tempo e afeto para o treinamento.

Treinamento

Todo treinamento precisa construir algum tipo de **conhecimento**. Nesse caso, quando algo está sendo ensinado, o indivíduo ou o grupo reunido pode ser composto de pessoas de vários níveis de conhecimento sobre o assunto ou mesmo de indivíduos que nunca na vida viram nada sobre aquilo. Assim, o treinamento pode ser dado para qualquer tipo de grupo: eclético, homogêneo ou heterogêneo – todo mundo constrói conhecimento durante o treinamento. Por exemplo, adquirir o conhecimento de como ser um empilhadeirista.

Treinamento e o ECRO

Tudo o que é possível aprender com a minha ancoragem, com o ECRO que já tenho estabelecido, é algo treinável.

Podemos considerar aprendida uma ação que é repetida, ao menos, três vezes. Porém, só podemos considerar de fato hábito uma ação repetida, ao menos, vinte e uma vezes.

Capacitação

Já toda capacitação precisa aprimorar algum tipo de **habilidade**, gera na pessoa uma capacidade nova. Por isso, é necessário reunir tipos de indivíduos que já tenham algum conhecimento prévio sobre a matéria ensinada; tal conhecimento prévio será aprofundado por meio da capacitação, aprimorando as habilidades. Por exemplo, capacitar professores que dão aulas para crianças em fase de alfabetização (6-7 anos) a também alfabetizarem jovens e adultos.

Desenvolvimento

O desenvolvimento tem a ver com processos de longa duração e com construções de aspectos internos do indivíduo e mudanças **atitudinais**. O que significa isso?

Quando algo promove a mudança atitudinal, o indivíduo tende a aprender a reorganizar o seu triângulo atitudinal: o modo como ele pensa, sente e age em relação ao mundo e a seus próprios pensamentos. Por exemplo, desenvolver um candidato a líder para que ele aprenda a dirigir uma equipe.

Processo de desenvolvimento de profissionais

Partindo da compreensão de todo esse referencial teórico e, principalmente, do conceito de desenvolvimento, criei um ciclo de aprendizagem vivencial e de treinamento cerebral em minha empresa, a Cogni, e denominei esse ciclo Abordagem COGNI-MGR para Desenvolvimento Profissional. Para estruturá-lo, baseei-me também no Método Kolb, criado pelo teórico de educação norte-americano David A. Kolb,[9] que defende o ciclo do aprendizado em quatro etapas: experiência concreta, observação reflexiva, conceitualização abstrata e experimentação ativa.

Desenvolvi minha própria abordagem com o intuito de me apropriar desses conceitos e adaptá-los à minha maneira de trabalho, focado em adultos, para sensibilizá-los, mostrando a eles exatamente por quais etapas passarão durante o desempenho de seus trabalhos, a fim de diminuir as ameaças percebidas por suas amígdalas cerebrais.

Toda vez que o córtex pré-frontal enxerga com clareza o que vai acontecer, ele automaticamente cria uma estratégia. Por exemplo, quando alguém está dentro de um carro e percebe que ele vai capotar, o cérebro se mantém acordado durante a capotagem; se a pessoa não vê o que está acontecendo e o carro simplesmente capota, o cérebro tem como estratégia desligar, e o indivíduo desmaia. A mesma coisa acontece durante as lutas de boxe: se a pessoa que está apanhando consegue prever que tomará os golpes, ela permanece acordada; se é pega de surpresa, seu cérebro apaga e ela cai, até mesmo em impactos com menos potência do que aqueles que estava levando conscientemente.

Considerando essas analogias, em um ciclo de aprendizado, é preciso que o treinamento se dê por meio de uma sensibilização cerebral, que será

---

9 PIMENTEL, A. A teoria da aprendizagem experiencial como alicerce de estudos sobre desenvolvimento profissional. **Estudos da Psicologia**, v. 12, n. 2, p. 159–168, 2007. Disponível em: https://www.scielo.br/j/epsic/a/rWD86DC4gfC5JKHTR7BSf3j/?lang=pt&format=pdf. Acesso em: 21 set. 2023.

oportunizada por vivências e atividades práticas que manterão o cérebro nesse estado de estar "acordado" enquanto as coisas acontecem. Tais vivências e atividades farão com que o indivíduo aprenda por situações análogas, parecidas com as reais e diretamente relacionadas a elas. Só assim a andragogia – o aprendizado de adultos – funciona.

A Abordagem COGNI-MGR para Desenvolvimento Profissional é estruturada em seis etapas: **sensibilização**, **vivência**, **relato**, **processamento**, **generalização** e **aplicação**. Nelas, são utilizados recursos que, diferentemente dos modelos por analogia simples, permitem às pessoas que as aplicam associar seus conteúdos às realidades cotidianas de suas funções.

Sensibilização

Por meio da apresentação de conceitos, busca-se sensibilizar o participante em relação às condutas que dele se esperam ou explicar o tema do que será visto ali. Além disso, é possível que sejam dados exemplos para amparar os objetivos pretendidos ao final do ciclo de aprendizagem. Em algumas situações, esta etapa pode incluir autoavaliações de competências que serão desenvolvidas ao longo de todo o treinamento.

Vivência

É a fase em que o participante é levado a construir algo ou a realizar uma tarefa com algum propósito específico, colocando-o em uma dinâmica. As vivências podem ser individuais, em grupos menores ou com todo o grupo, dependendo da dinâmica que será utilizada. Podem contemplar a criação de objetos, a fabricação de produtos, a simulação de situações reais, a solução de determinados problemas, o estudo de casos, negociações, dramatizações, jogos, entre outras possibilidades.

Relato

Aqui, os participantes devem compartilhar as reações e os sentimentos (positivos ou negativos) que perceberam em si mesmos durante as duas primeiras etapas. Esse compartilhamento deve ser feito de modo livre, espontâneo e autêntico. Esta etapa é especialmente relevante porque adultos, em geral, têm dificuldades de expressar seus sentimentos e tendem a partir logo para análises de facilidades ou dificuldades de determinada situação. Costumam também procurar "culpados" ou falhas na própria proposta da vivência, em vez de falar sobre o que sentiram. A autoexposição aqui sugerida propicia a elaboração de diagnósticos das situações vivenciadas e da participação de cada um nos processos do grupo.

Processamento

É o momento de os participantes discutirem e refletirem sobre a dinâmica da vivência, elencando os aspectos que interferiram na obtenção de resultados satisfatórios ou insatisfatórios. O objetivo é reconstituir os padrões de comportamento, de modo que propicie um aprendizado. Assim, os participantes poderão analisar as facilidades e as dificuldades encontradas em todo o processo, bem como seu próprio desempenho e os padrões de comportamento dos demais integrantes do grupo.

Generalização

Os participantes serão levados a refletir sobre a situação que vivenciaram no aqui e no agora. Pensarão também na relação da dinâmica feita com suas vidas profissionais e pessoais. O objetivo é que cada um elabore as próprias conclusões e generalizações, de modo que possam, efetivamente, aplicá-las em seus ambientes de negócios.

Aplicação

Nesta etapa, um novo ciclo é iniciado. Nele, encontra-se o resultado que se quer atingir por meio das vivências aplicadas. É o momento em que são feitas a associação entre as generalizações da etapa anterior e a aplicabilidade das descobertas alcançadas pelos participantes – eles devem planejar novos rumos, novos comportamentos e novas atitudes. A partir daqui os participantes devem buscar a mudança, testando e experimentando novas maneiras de conduta em suas funções na empresa.

Aprender a aprender

Sempre instauro esse ciclo de aprendizagem quando desejo passar um novo conhecimento em imersões ou em cursos, mas também quando quero reestruturar o meu próprio negócio, fazendo modificações culturais, como a que estou apoiando em *Negócios à prova do amanhã*.

E o que me motiva a ensinar novos métodos são as forças desestabilizadoras da atualidade. Uma nova tendência do consumidor surgiu, novas políticas de relacionamento emergiram, novas ordens mundiais se instauraram. Quaisquer forças externas de escala macro me impulsionam a aplicar mudanças e a passar novos conhecimentos aos meus colaboradores, para que todos sempre estejamos alinhados quanto a políticas corporativas atualizadas e que dialogam com os novos tempos, as novas demandas e o novo posicionamento da empresa.

Afinal, nenhum conhecimento, ou habilidade, deve permanecer estático em um negócio. O que se aprende em universidades e em cursos logo se torna obsoleto, pois, progressivamente, as transformações vividas na sociedade exigem a transposição dessas mudanças para a estrutura corporativa.

Então, aplique esse processo de aprendizagem com líderes para comunicar o que você deseja que seja transformado e como quer que aconteça. Depois, reúna os colaboradores para deixar todos a par dos conhecimentos, das habilidades e atitudes que você espera deles.

O poder do 3

Quando quiser que algo novo seja implementado, garanta e fiscalize que os colaboradores apliquem, no mínimo, três vezes o processo. Assim, você vai se certificar de que eles aprenderam o que deve ser feito e que, a partir dali, repetirão essa nova prática com consistência – é só dessa maneira que se pode garantir que um adulto internalize uma mudança ou uma novidade.

Orientação para resultados (OR)

Diante da compreensão de que um colaborador pode ser modelado, mas é preciso orientá-lo para resultados, precisamos entender como isso pode ser feito.

O acróstico SMART – que significa "esperto", no sentido de inteligente, em inglês – foi desenvolvido pelo escritor austríaco Peter Drucker, para que uma meta ou um objetivo sejam materializados com alto grau de assertividade. Nesse sentido, toda meta deve ser específica (*specific*); mensurável (*measurable*); alcançável (*achievable*); real e pragmática (*realistic*); e temporal, ou seja, ter um prazo para acontecer (*timely*).

Escolha cega

O estudo *Escolha cega* foi revolucionário para a Psicologia na década de 1970 e voltou a ganhar importância na época da pandemia de covid-19. Poucas pessoas tiveram acesso a ele, e nem mesmo as grandes empresas puderam consultá-lo.

Entre os objetos de análise desse estudo, o primeiro foi a estrutura hierárquica de uma guerra, transposto para a estrutura organizacional. Como nós, do ramo empresarial, já estamos bastante familiarizados com os termos estratégico, tático e operacional, acredito que não preciso me deter nos pormenores de como esse paradigma se estabeleceu durante a Primeira Guerra Mundial e permaneceu sendo utilizado nas guerras posteriores e também no mundo da administração de empresas. O que realmente importa para nós está na Psicologia do estudo central: pessoas que trabalham no *front*, os soldados ou, no nosso caso, aqueles que colocam a mão na massa pela empresa, não podem ter espaço para conseguirem tomar decisões rápidas. Como em uma batalha, o soldado precisa estar focado em se defender ou em atacar conforme os mandos de seu líder. Não seria diferente em uma empresa, pois quem está "dando a cara" e colocando a mão na massa precisa se concentrar em atingir o que precisa ser atingido e, se precisar criar estratégias de defesa ou de ataque, perderá o foco e tornará a função obsoleta.

O *Escolha cega*, com base ainda nessa análise, estabeleceu que o cérebro é um órgão que funciona de maneira binária: se você não lhe der duas opções (sejam elas números ou outros tipos de escolhas), ele não faz a gestão de risco necessária e tem sua avaliação da situação prejudicada. Em outras palavras: se dermos muitas opções ao cérebro, ele se perde em sua escolha e não sai do lugar; mas, se lhe dermos apenas uma opção, ele se torna burro e ineficaz. É preciso trabalhar com o conceito binário.

Por exemplo, se dou ao cérebro a opção de 28 sabores de sorvete e peço que escolha um, a primeira coisa que fará vai ser trabalhar sua matemática cerebral para eliminar a maioria das opções e chegar a apenas dois sabores. E, a partir disso, então, escolher um deles.

Com base nisso, podemos afirmar que o segredo para medir a performance de um colaborador é fornecer ao cérebro dele escolhas binárias: nunca dê a ele um número, sempre dê dois para moldar a orientação para resultados dele.

Quando nos apropriamos do conceito de Drucker e correlacionamos com o estudo *Escolha cega*, que determinou o binarismo cerebral, percebemos que ele funciona muito bem no momento de comunicar metas e estabelecer uma comunicação efetiva com os colaboradores que trabalham no *front*. Pois, se os líderes têm definido o que precisa ser feito e distribuem metas que sigam o acróstico SMART, tudo que precisa ser feito estará muito claro.

Entretanto, como essas metas serão estabelecidas?

Visões

É preciso compreender que toda pessoa tem um cérebro que trabalha a partir de visões arquetípicas de médio ou longo prazo. Não adianta simplesmente estabelecer determinada tarefa e determinado tempo. É preciso, na verdade, ensinar o colaborador a canalizar a visão dele para que o cérebro não perca o foco ou faça muitos redirecionamentos. É preciso treiná-lo para resultados. E, se for um líder, só após isso ele conseguirá também treinar sua equipe.

É agora que o binarismo cerebral começará a fazer sentido para nós. A OR trabalhará sempre com o binário que nos faz direcionar a resultados dentro de intervalos determinados.

Sabendo disso, para criar uma OR, você deve escrever um **verbo de ação no infinitivo** – desde que o verbo seja fechado, ou melhor, desde que seja possível visualizar o que precisa ser feito – relacionado a uma ou mais **escolhas binárias**, que englobe dois números com, no máximo, uma variância de 25% para **parâmetros de medida** e outra variância binária para **parâmetro de tempo**.

Colocando OR na prática

Perceba na prática a diferença entre uma meta simples e uma Visão Futura escrita segundo a OR.

Exemplo de meta usando SMART:

Terminar um galpão de *1.500 m²*, gastando *R$ 30 mil*, até *20 de setembro de 2024*.

Exemplo de Visão Futura usando OR:

Terminar a construção do galpão de *1.400 m² a 1.700 m²*, gastando de *R$ 28 mil até R$ 30 mil, de 10 de agosto de 2024 a 25 de outubro de 2024.*

Esse modo de direcionamento trabalha o binarismo do cérebro e impede que o não cumprimento do primeiro prazo desmotive o colaborador.

50 VERBOS DE AÇÃO USUAIS				
Admitir	Contratar	Estimar	Instalar	Providenciar
Adquirir	Controlar	Estipular	Montar	Recuperar
Anunciar	Definir	Examinar	Negociar	Reparar
Aprimorar	Desenhar	Expor	Obter	Selecionar
Avaliar	Divulgar	Formar	Planejar	Solicitar
Checar	Elaborar	Fornecer	Praticar	Traçar
Cobrar	Eleger	Ganhar	Preparar	Treinar
Comercializar	Encontrar	Gerar	Produzir	Trocar
Comprar	Escolher	Incorporar	Programar	Vender
Consertar	Estabelecer	Inspecionar	Projetar	Verificar

12 MEDIDAS USUAIS
Peso (kg)
Volume (l)
Potência (rpm)
Idade (anos)
Moeda (R$)
Resistência elétrica (ohm)
Capacidade (pessoas)
Velocidade (km/h)
Área (m²)
Comprimento (m)
Consumo (km/l)
Vazão (m³/h)

Comece, portanto, a implementar essa prática nas suas metas pessoais e profissionais, depois trabalhe-a com os líderes da sua empresa, mostrando a teoria do binarismo cerebral para que eles apliquem isso com a liderança.

Perceba que não é só para garantir o crescimento da empresa que a OR funciona. Ela serve para a vida. Tenho certeza de que já ouviu algumas dezenas de vezes que, se você não souber o que quer, não chega a lugar algum. Talvez você mesmo até diga isso para amigos ou parentes mais novos. Esse é um senso comum necessário, mas que precisa ser aplicado da maneira correta. Se não o for, a vida pode se tornar uma lista de sonhos que não sabemos como alcançar ou sonhos frustrados, pois não demos a ela o intervalo necessário para se desenvolver.

Assim, faça ORs condizentes com o Índice de Comando (IC), aquele objetivo maior da empresa ou da vida pessoal, que direciona todos os seus esforços e as suas mobilizações. As ORs – nesse mesmo esquema de primeiro definir uma meta e depois estipular intervalos de tempo, gasto, vendas, compras – serão os degraus para que se chegue até o Índice de Comando: o topo onde está o pote de ouro.

Agora, basta treinar!

Fecho esta diretriz pedindo que compartilhe essas informações com quem você trabalha, com quem você ama ou com quem você se importa com o desenvolvimento pessoal e profissional. Sem o conhecimento da razão pela qual o seu filho precisa andar com boas companhias ou aprender a poupar dinheiro, por exemplo, a orientação para resultados dele não será "ativada". O mesmo será com os seus pares: sem entender por que precisam encontrar alguma inspiração dentro da empresa, eles somente terão essa admiração e não saberão ao certo o que fazer com ela.

Além disso, mostre como montar ORs para os membros da equipe, e não apenas transmita as metas no formato de OR que foi combinado. Compartilhe com eles esse conhecimento e instrua-os de que isso serve não só para o ambiente de trabalho, mas para a vida inteira. Mostre, portanto, que se importa com quem trabalha com você!

Construindo o Futuro na Prática

OR® Orientação para Resultados

Que tal dar o pontapé inicial no direcionamento da sua própria vida por meio das ORs? Você vai sentir na pele a "mágica" que colocar uma visão futura no papel, usando a técnica correta, faz com nosso futuro e nossas conquistas.

Visão arquetípica

Para construir sua visão arquetípica, trabalhe apenas com verbos de ação no infinitivo. Altere as áreas das visões arquetípicas ou acrescente novas áreas que desejar.

Vida pessoal

- ______________________________
- ______________________________
- ______________________________
- ______________________________
- ______________________________
- ______________________________

Vida familiar

- ______________________________
- ______________________________
- ______________________________
- ______________________________
- ______________________________
- ______________________________

Vida profissional

- ______________________________
- ______________________________
- ______________________________
- ______________________________
- ______________________________
- ______________________________

Lazer e saúde

- ______________________________
- ______________________________
- ______________________________
- ______________________________
- ______________________________
- ______________________________

Estudo

- ______________________________
- ______________________________
- ______________________________
- ______________________________
- ______________________________
- ______________________________

Finança

- ______________________________
- ______________________________
- ______________________________
- ______________________________
- ______________________________
- ______________________________

Visões futuras
Elabore até dez visões pessoais e dez visões profissionais.

Escreva as frases que representam suas visões futuras com os seguintes critérios, para o período de _mês / ano_ a _mês / ano_.
Especificações: verbo de ação no infinitivo (construir, comprar, vender etc.).
Parâmetro de medida: De _____ até _____ (m^2, volume, km, quantidades etc.).
Parâmetro de prazo: De ___/___/___ até ___/___/___ (períodos que não ultrapassem três meses).

Visão futura pessoal – 1º ano
( )
____
____
____

( )
____
____
____

Visão futura pessoal – 2º ano
( )
____
____
____

( )

____

____

____

Visão futura profissional – 1º ano

( )

____

____

____

( )

____

____

____

Visão futura profissional – 2º ano

( )

____

____

____

( )

____

____

____

Visão sistêmica pessoal (plano de ação)

Para cada uma das visões futuras, estabeleça um plano de ação, um passo a passo de ações a serem cumpridas para alcançar cada visão. Acrescente quantas ações forem necessárias.

Visão 1

____

____

____

Ações

( )

____

____

____

( )

Visão sistêmica pessoal (plano de ação)

Visão 2

Ações

( )

( )

Visão sistêmica profissional (plano de ação)

Visão 1

Ações

( )

( )

Visão sistêmica profissional (plano de ação)

Visão 2

____
____
____

Ações

( )

____
____
____

( )

____
____
____

Treinamento de OR

Depois que você já fez seu próprio caderno de OR, estabeleça um plano de ação com foco em treinamento da equipe ou dos líderes, dividido em três encontros.

Defina o grupo a ser treinado, prepare o plano de instrução e convoque os colaboradores.

No dia de cada encontro, prepare o ambiente. E, no início de cada reunião, quebre o gelo antes de entrar no assunto.

Durante os exercícios, acompanhe de perto cada subgrupo e mantenha a postura de facilitação.

Encontro 1

Siga o passo a passo:

1. Solicite que cada equipe ou colaborador escreva uma meta.
2. Explique a OR.
3. Transforme, junto com eles, a meta num exemplo de OR, com verbo de ação no infinitivo, parâmetros de medida e parâmetro de tempo, ambos compostos de um intervalo de dois números e com variação de até 25% para medidas.

4. Compare a meta inicial com a reescrita.
5. Tarefa final: peça que escrevam 10 ORs do setor ou departamento para o próximo encontro.
6. Marque o próximo encontro para, no máximo, 30 dias após o primeiro encontro, a fim de que apresentem suas Visões Futuras.

Encontro 2

Siga o passo a passo:

1. Divida os participantes em subgrupos de até 13 membros.
2. Cada pessoa deve apresentar suas Visões Futuras ao seu grupo.
3. Eles devem corrigir as Visões Futuras uns dos outros, usando as técnicas de OR.
4. Tarefa final: peça que escrevam 10 Visões Futuras de cada um deles dentro do setor ou departamento para o próximo encontro. É importante frisar que essas Visões já devem vir elaboradas conforme a técnica de OR ensinada.
5. Marque o próximo encontro para, no máximo, 30 dias após o segundo encontro, a fim de que apresentem suas Visões Sistêmicas.

Encontro 3

Siga o passo a passo:

1. Estabeleça uma ordem de apresentações individuais das Visões.
2. Corrija, se necessário, as ORs apresentadas.
3. Destaque os acertos.
4. Solicite Planos de Ação elaborados em OR.
5. Estabeleça o procedimento e um cronograma de aferição desses Planos.

Capítulo 6

Diretriz 4: Motivar e recompensar

César era um Engenheiro de Segurança do Trabalho experiente. Ele havia acabado de começar em um novo trabalho em uma indústria multinacional de bebidas – água, refrigerante e cerveja. Assumiu o cargo de Gerente-Geral da área e logo de cara se viu obrigado a baixar uma regra impopular no chão de fábrica: não haveria mais livre acesso à cerveja durante o expediente.

Sim... Eram os anos 1980, tudo de mais controverso era liberado: crianças andando no porta-malas do carro, pessoas dirigindo sem cinto de segurança, fumar dentro de posto de combustível e até beber cerveja enquanto se operavam máquinas industriais pesadíssimas.

A indústria, que queria ser muito *cool*, via e vendia a ideia para seus colaboradores de que era um grande benefício dado por ela o fato de haver grandes geladeiras com os mais variados tipos de bebidas que eles produziam espalhadas por toda a fábrica. Era só chegar, abrir a porta e pegar a sua bebida. Gratuitamente e sem limites. Eles só não tinham parado para pensar que a combinação de bebida alcoólica e manuseio de equipamento pesado – que pode, por exemplo, arrancar dedos – não era lá uma boa ideia.

Bem, para além da medida de cortar a cervejinha amiga durante o expediente, César percebeu que havia muito trabalho a fazer em prol da segurança daqueles trabalhadores. A indústria definitivamente não tinha cultura de autoproteção e de segurança. De diretores a operadores de máquinas, todos achavam que isso era pura bobagem. E, para piorar, os colaboradores do operacional não gostavam muito de aderir às regras – fato agravado quando a ordem de tirar as cervejas das geladeiras da fábrica entrou em prática.

A segunda ação de César foi apresentar à diretoria um grande relatório com uma enorme lista das medidas de segurança e boas práticas que precisavam ser implementadas "para ontem" por lá. Os diretores o desafiavam ao mesmo tempo que o desacreditavam e o desestimulavam: "O pessoal do chão de fábrica nunca vai aderir a nada disso. Seus esforços serão em vão. Já vimos isso ser tentado e falhar por aqui".

No dia da apresentação aos colaboradores do que seria o plano de novas práticas, César surpreendeu a todos. E, em vez de ir com aquela lista de medidas, apareceu no palco improvisado com um grande cubo de acrílico e um bloquinho de papel.

"Como vocês já sabem, estamos com uma campanha para transformar a fábrica em um lugar melhor e mais seguro para se trabalhar. Muitas mudanças terão de ser feitas, mas só queremos fazer as mudanças que de fato vocês consigam fazer e que os deixem felizes no ambiente de trabalho. Por isso, quem vai dizer que mudanças em prol da segurança e do bem-estar serão implementadas aqui vão ser vocês mesmos."

Houve um burburinho. Era espanto, surpresa, indignação e descrença – tudo junto – permeando aquela massa de trabalhadores.

César não recuou e seguiu explicando: "Ao lado de cada geladeira com bebidas que há espalhada pela fábrica, agora também vai ter um cubo como este, com uma abertura na parte superior, um bloco de papel com um formulário e uma caneta. Este é o local para vocês darem suas sugestões. E estamos ansiosos por recebê-las. Mas há algumas regras".

Nesse momento, mais um zum-zum-zum tomou conta da multidão: claro, havia regras... Eles tinham certeza de que vinha ali mais uma lista de retaliações, como sempre havia sido feito. Porém, estavam *errados*.

"A ideia é: vocês nos dão sugestões e nós damos prêmios a vocês."

Aqui foram ouvidos até uns gritos de "uh-hu!" e "aí, sim!".

"Para isso, todas as sugestões só poderão dizer respeito a segurança, saúde e bem-estar dos colaboradores. Sugestões de outras áreas não serão validadas. Vocês deverão se identificar no formulário da sugestão com nome, departamento e turno. Para cada sugestão dada e validada, independentemente se será aprovada ou não, quem deu a sugestão ganha um produto da nossa lojinha de até 50 bilhões de cruzados. Limitado a quatro sugestões por mês."

Não se espante com a cifra. Na segunda metade da década de 1980, o dinheiro corrente no Brasil era o Cruzado, uma moeda bastante desvalorizada. E, quanto menor poder de compra tem uma moeda, maior número de zeros ela carrega.

A lojinha da marca era uma *trend* do momento. Todo mundo queria algo de lá! Tinha shorts de taquitel, camisetas, bonés, óculos de sol, squeeze, frisbee, toalhas, raquete de frescobol – tudo muito neon e moderno para os anos 1980 – e também engradados das bebidas fabricadas lá e vendidos com desconto.

"Para cada sugestão aprovada e colocada em prática, quem deu a sugestão ganha um bônus de 250 bilhões de cruzados ao mês, acrescidos no salário, limitado a 500 bilhões de cruzados ao mês."

A galera já soltava gargalhadas e urras de alegria. Aquilo estava ficando bom demais para quem tinha cortado a cervejinha!

"Para cada sugestão colocada em prática que ganhar a adesão dos funcionários, que precisam passar a segui-la com rigor, quem deu a sugestão ganha um dia de folga no trimestre, limitado a três dias de folga no trimestre."

O pessoal já não se continha! Falavam sem parar, pensando em suas listas de sugestões.

"No final do ano, as sugestões que continuarem sendo seguidas por todos da fábrica por seis meses ou mais concorrem a uma semana de férias para quatro pessoas com tudo pago em uma colônia de férias conveniada. Se houver mais de uma sugestão que possa ser contemplada nesse quesito, faremos, na convenção de fim de ano, uma votação de todos os funcionários para a ação de segurança mais importante entre as que podem ser a grande premiada."

O resultado dessa ação foi um sucesso tão grande que nem mesmo César tinha conseguido prever. Os colaboradores se dedicaram não só a dar sugestões com regularidade, como também a dar sugestões de fato relevantes para que fossem aprovadas. Após terem sua sugestão colocada em prática pela fábrica, faziam campanha entre si para que os colegas aderissem às novas medidas, cada um querendo ganhar dias de folga. Também havia campanhas internas que eles mesmos faziam para que ninguém abandonasse as novas medidas no longo prazo, com olho na semana na colônia de férias.

Como aderir a uma medida do colega não prejudicava ninguém e um ganhar não significava que o outro não ganharia, começou-se a criar não só uma cultura de colaboração, como também uma cultura de segurança na fábrica. Em um ano, aquela indústria era um ambiente de trabalho muito mais seguro e agregador.

César, mesmo sem conhecer abordagens motivacionais ou a ferramenta da cadeia de reforçamento, e mesmo sendo de uma área que não envolvia qualidade, atendimento, produção nem vendas – as áreas em que geralmente se aplicam ações desse tipo –, conseguiu criar não só um sistema de motivação e recompensa na indústria, como também transformou toda uma cultura. Imagine se ele soubesse o que vou compartilhar com você neste capítulo?

O FUTURO SABE MOTIVAR

Como recompensar para impulsionar altas performances

Ao aplicar os instrumentos vistos no capítulo anterior, você aprendeu a treinar seus colaboradores para resultados e a fazer o cérebro entender como perseguir os objetivos de uma maneira realmente efetiva. Mas existe uma grande diferença entre voltar o cérebro para resultados e mantê-lo motivado. O direcionamento é temporário. Manter o direcionamento de modo consistente é o ideal tão percorrido que trabalharemos nesta diretriz.

Para tanto, vamos nos concentrar nos reforços positivos que afetam diretamente a autoestima, a motivação e a performance dos colaboradores, abrindo o que podemos chamar de porteiras do cérebro responsáveis por encontrar os **motivos de agir** dos indivíduos.

Um dos primeiros fatores que determinam a consistência e persistência da motivação é a necessidade de reestruturação periódica de uma equipe ou de todo um negócio para alterar a maneira de funcionamento dos colaboradores. A motivação, de modo geral, age como hélices que movimentam a água de um lago para que ela não fique parada, mas, sim, tenha uma sensação constante de renovação. Isso explica, por exemplo, a grande rotatividade dos CEOs dentro das multinacionais, garantindo que os processos ganhem novos olhares que modifiquem o modo de pensar uma produção para que ninguém se acomode. Seria como uma água com açúcar. Se a mistura fica muito tempo parada, o açúcar vai decantar e parar no fundo daquele recipiente.

O circuito do prazer e a motivação

Antes de adentrar na primeira abordagem motivacional, devemos entender como funciona o circuito do prazer nos indivíduos: aquele responsável por ativar as regiões cerebrais que provocam a ação motivada.

Esse circuito parte de uma região chamada núcleo accumbens, responsável pelo estabelecimento do estado motivado de qualquer indivíduo. Quando o núcleo é ativado, dois hormônios são liberados no cérebro: primeiro, dopamina e, depois, endorfina. Essa liberação pode acontecer de duas maneiras: crônica, com pequenas oscilações durante um médio ou longo período, e aguda, atingindo um pico de liberação dos hormônios que circulam por três minutos dentro do cérebro. A liberação crônica, com pequenas oscilações, mas com certa constância, é a que precisamos para garantir o estado motivado de qualquer colaborador.

Quando a liberação hormonal ocorre, todos nós ficamos viciados naquela sensação, pois o circuito do prazer – a região afetada pela liberação hormonal – pedirá que o núcleo accumbens seja ativado outras vezes. Isso porque, uma vez que os hormônios chegam até o tálamo – região responsável pelas sensações –, o cérebro busca guardar aquele registro, levando a memória dessa sensação até o hipocampo – região cerebral responsável pela guarda das nossas memórias. Então, quando nos propomos a repetir o que ativou esse circuito, a dopamina começa a ser liberada antes mesmo de o núcleo ser ativado, pois já existe uma descarga crônica de dopamina associada àquele primeiro evento que o hipocampo registrou.

Entretanto, para motivar um indivíduo dentro da equipe, além de levar em conta a mudança da estrutura corporativa para movimentar a hélice individual, é preciso parar e pensar em estratégias personalizadas que levem em conta que cada colaborador é um indivíduo diferente, com realidades, histórias e momentos de vida completamente diversos.

Primeira abordagem motivacional

Para impulsionar a motivação com essa abordagem, o dono do negócio precisa, primeiro, sentar e pensar com clareza o objetivo que deseja atingir e quais são os personagens essenciais para maximizar a produtividade ou o lucro em prol disso. Depois de selecionar esses personagens, é preciso estabelecer três linhas de ação **possíveis**, mas desafiantes, de acordo com o que você quer que esse colaborador faça ou atinja.

É importante que você não assuste a amígdala cerebral desse indivíduo, compartilhando com ele que você não espera resultados estrambólicos. Se ele achar que aquilo que você espera dele está muito distante da realidade, o cérebro não se motiva, ele não quebrará a homeostase e não entregará a performance esperada, uma vez que o cérebro já considerou a tarefa impossível.

Portanto, de acordo com Victor Vroom, psicólogo canadense, quando o cérebro recebe essas tarefas, ele precisa desbloquear as três porteiras:

- **1ª: É possível?** O colaborador precisa assimilar que é possível atingir pelo menos um dos estágios do objetivo, para que se abra a primeira porteira motivacional. Mas, logo em seguida, o cérebro pede uma recompensa, e o colaborador se questiona.
- **2ª: O que eu ganho com isso?** Como o esforço por aquela performance será recompensado? Essa recompensa é a responsável por liberar os hormônios e dar o *start* no circuito do prazer. Então, chega o momento da terceira e mais importante porteira.
- **3ª: Como isso me interessa?** Como ela é compatível com o estilo de vida desse colaborador naquele momento? Como isso cumpre com os interesses daquele exato momento da vida dele?

Só abrindo essas três porteiras é que a hélice responsável por ativar a motivação entra em movimento. Quando o colaborador sabe quais serão as recompensas, ele instaura um motivo para a ação e quando, então, ele atinge a meta e é recompensado de acordo com os objetivos de vida daquele momento, você ativou o circuito do prazer e condicionou a resposta da dopamina diante de novos desafios.

Aqui, entra um dado importante sobre a recompensa de que Victor Vroom nos alerta. Muitos líderes ou donos de negócios têm a urgência de recompensar os seus colaboradores e os recompensam com grandes presentes. Na maioria das vezes, essa recompensa é válida a longo prazo e o colaborador conviverá com essa recompensa por muito tempo. Entretanto, a memória vivencial guardará esse "presente" pelo momento específico **do passado** e isso não será suficiente para a motivação atual, mesmo que os custos ainda estejam sendo pagos pelos empresários.

Por exemplo, em certo momento, você percebe que um colaborador precisa muito de um carro, então, estabelece um acordo para dar a ele uma ajuda financeira extra por 24 meses. Após um tempo, você cobra a performance pela motivação dada no momento passado, mas, para esse colaborador, isso não valerá de nada, pois já não é mais possível ativar o circuito do prazer com essa estratégia.

O importante, portanto, é a **estratégia de reforço**, para garantir que a estabilidade das metas e da ativação do núcleo accumbens seja efetiva no exato momento da vivência.

Segunda abordagem motivacional

Essa segunda abordagem será apoiada por um estudioso psicólogo chamado Edwin Locke, que diz que o colaborador encontra o motivo da ação ao visualizar no córtex pré-frontal o que ele precisa fazer.

Para entendermos essa dinâmica, podemos partir de um exemplo. Imagine que você pediu a um colaborador que montasse uma planilha para monitorar os custos com as entregas feitas no mês. Em vez de passar uma orientação aberta, repleta de entrelinhas, você dá as diretrizes de acordo com o que espera dessa planilha, instruindo-o de maneira clara e objetiva. Você pode dizer que a planilha precisa ter uma aba com os fechamentos semanais, que ela deve funcionar por cores e estar dividida por células que representem cada colaborador. É importante passar exatamente o que você precisa para que o córtex pré-frontal do seu colaborador consiga visualizar a tarefa.

Há, portanto, três pressupostos para essa abordagem:

- **1º:** Comando específico;
- **2º:** Apenas três comandos por vez;
- **3º:** Objetivos construídos coletivamente.

Diferentemente da primeira abordagem, essa pode ser construída em grupo e servir para motivar também de modo coletivo. Entretanto, ela vai depender de um **feedback autogerado**, em que os colaboradores conseguem valorar a própria performance a partir do desempenho de toda a equipe, sem deixar que se estabeleça uma competição negativa.

Para essa maneira motivacional, o essencial é trabalhar a ludicidade dentro do ambiente de trabalho, criando um feedback autogerado, em que se estabeleçam metas para alcançar um objetivo maior. Esse feedback autogerado pode, na prática, ser representado por um game: a cada meta alcançada, o colaborador recebe uma espécie de peça de quebra-cabeça; até conseguir compor o quebra-cabeça completo, ao cumprir o objetivo maior. Cada colaborador tem seu próprio quebra-cabeça. O ponto-chave dessa abordagem, porém, está na exposição desses quebra-cabeças, que podem ser vistos e/ou acessados por todos. Assim, os membros da equipe conseguem regular o seu desempenho de acordo com o que observam da montagem do quebra-cabeça do colega de trabalho. Com essa exposição, gera-se um clima de brincadeira em que todos se esforçarão para completar seus próprios quebra-cabeças.

De acordo com Locke, outro ponto-chave é a distribuição de, pelo menos, três metas crescentes: as chamadas **metas A, B** e **C** – as quais veremos com mais detalhe à frente. Apenas dessa maneira se estabelece no colaborador uma linha de constante crescimento. Dizemos, então, que só pode medir o Índice Performático de qualquer colaborador com mais de um motivo para a ação. Imagine que você pediu a um membro da equipe de vendas que ele atinja 20 mil reais de faturamento naquela semana, até o sábado. Chegou sexta-feira e ele já atingiu a meta. Nesse momento, a performance dele cai e ele não se motiva, pois já não há mais um objetivo que o mobiliza. Ele já não enxerga, portanto, uma razão de vestir a camisa da empresa, então logo vai embora e se satisfaz com aquele primeiro resultado.

Terceira abordagem motivacional

A terceira abordagem parte de um pensador chamado Ivan Petrovich Pavlov, que afirmava que o ser humano não é movido por motivações, mas, sim, por outras razões condicionadas ao comportamento. Para entendermos isso, pense no vento. Ele não venta para rodar o moinho, mas por outras razões científicas e climáticas que "controlam" o condicionamento desse fenômeno. Os seres humanos também funcionam assim, nós somos controlados por uma série de fatores que influenciam diretamente o nosso modo de agir.

Para começarmos a pensar como a motivação de um indivíduo é condicionada, devemos partir de um conceito chamado **estímulo discriminativo**: um estímulo neutro que foi associado a um estímulo significativo – e, a partir daí, este tem mais chances de acontecer apenas na presença daquele. Na prática, isso acontece da seguinte maneira: imagine que você inaugurou uma sala com uma máquina de café, a qual os colaboradores podem frequentar livremente. Após um tempo, você percebe que eles demoram muito tempo nesse espaço, que a produção diminuiu e que começaram a surgir fofocas dentro da empresa. Então, você tenta colocar uma placa pedindo que não se demorem na sala, mas, depois de um tempo, essa placa – que podemos chamar de estímulo significativo – de nada vale. Portanto, você começa a se perguntar: o que está permitindo que isso ocorra? O que está condicionando o comportamento de todos eles? Você decide retirar a porta que fechava a sala e percebe que nunca mais teve os mesmos problemas. A porta era o estímulo que estava condicionando o comportamento dos funcionários.

Há alguns outros estímulos discriminativos que permeiam a nossa vida, como o cartão de crédito que nos faz acreditar que podemos gastar, o celular que tira a nossa atenção, entre outros exemplos.

Dentro das empresas, é importante que se identifiquem esses estímulos neutros que bloqueiam e atrapalham a produtividade ou o desenvolvimento dos funcionários para que a constância de objetivos e crescimento exista.

Mas devemos ir além, é preciso que haja estímulos discriminativos inseridos. Um exemplo de como isso pode ser feito é pensar em uma empresa de logística. Você percebe que os caminhões estão rodando muito mais que o necessário por falta de organização da rota. Então, você define um limite e o compartilha com a equipe. Mas isso funcionará como a placa do exemplo anterior, não será um estímulo que gerará resultados imediatos. Você, então, precisa instaurar outro estímulo, como um relatório diário de prestação de detalhes sobre as rotas da empresa. O relatório fará com que a mudança aconteça, pois eles vão perceber que não basta rodar menos ou não ir longe. É preciso haver uma reorganização geral que parta deles.

Todo estímulo discriminativo, portanto, motiva o indivíduo a partir de um impulso que determina como ele vai se comportar, e você pode se apropriar desse conhecimento para fazer transformações que modifiquem certos comportamentos, limando-os ou inserindo novos.

Os estímulos na prática

Armando é proprietário do Armando Bessa Beauty Lounge e, além de ser o visagista e hairstylist que encabeça a equipe, é quem administra o salão. Nos últimos meses, ele vinha percebendo um aumento expressivo do consumo de shampoo e condicionador, muito além do crescimento da clientela. Em um primeiro momento, resolveu conversar com a equipe e alertar sobre o uso consciente dos produtos e a importância da economia do insumo. Não percebendo resultados, resolveu mostrar à equipe, em uma espécie de treinamento, a quantidade adequada de produto para cada tipo e extensão de cabelo. Mesmo assim, o consumo não diminuiu.

Após participar do workshop sobre Programas Motivacionais, dado pelo Nando Garcia, Armando teve um insight que trouxe uma redução significativa nos custos fixos do seu negócio. Na verdade, ele aprendeu as técnicas e os conceitos para conseguir aplicar uma abordagem motivacional com eficácia.

Tanto o shampoo quanto o condicionador eram acondicionados em grandes recipientes que cabiam um litro e ficavam dispostos ao lado das pias do lavatório, bem "à mão". Se o cabeleireiro se empolgasse em uma conversa animada com uma cliente, lá ia mais shampoo que o necessário. Se a cliente fosse extremamente simpática, se o cliente fosse bonitão, se a criança fosse uma fofura, se havia mais distração no salão naquele dia... tudo acabava sendo motivo para prestar menos atenção ao processo e usar os produtos além do necessário. Foi então que veio a virada!

Percebendo que essa era a dinâmica do desperdício, Armando eliminou o estímulo neutro. As garrafas com produtos não ficariam mais à disposição no lavatório. Ao receber o cliente, o cabeleireiro já analisa o cabelo a ser tratado: extensão, quantidade, densidade, textura etc. Então, o profissional se encaminha para o estoque de produtos, uma pequena sala anexa ao espaço de atendimento. Lá há as grandes embalagens de shampoo e condicionador, mas também há pequenos copos dosadores. Com base em uma tabela que indica a medida correta dos produtos para cada tipo de cabelo, o cabeleireiro leva para o lavatório um dosador já com a medida ideal a ser usada.

Esse procedimento fez com que os profissionais se atentassem ao tipo de cabelo que estavam tratando, os clientes continuassem satisfeitos com o atendimento e o salão tivesse uma economia enorme: os produtos, que antes duravam 30 dias, passaram a durar 75 dias. E isso apenas manejando os estímulos neutros e discriminativos da situação.

Quarta abordagem motivacional

A quarta abordagem parte do mesmo conceito de **estímulo** usado por Pavlov, mas a figura central desta vez é John B. Watson, pioneiro do Behaviorismo. Agora, para gerar um resultado diferente nos seus colaboradores, você precisa causar um estímulo diferente para tirá-los da inércia e fazê-los atingir os objetivos ou transformar certos comportamentos.

A lógica para essa abordagem é mudar a sua atitude para transformar a de seus colaboradores. Conclui-se, portanto, que o líder terá de mudar a sua postura e agir de acordo com o que ele espera ver na empresa, pois essa mudança deve ocorrer do topo para a base da pirâmide hierárquica corporativa.

Um exemplo: você percebe que os colaboradores estão reclamando muito da carga horária de trabalho e muitos estão trazendo atestados para justificar atrasos, saídas mais cedo e faltas. Por que esse movimento tem acontecido, aparentemente de modo coletivo? O que você acha que está causando essa insatisfação? Então, você olha para si e percebe que sempre chega tarde ao trabalho e com frequência sai mais cedo; nunca trabalha em pontes e vésperas de feriados, enquanto a empresa funciona normalmente. Seus colaboradores começam a desejar inconscientemente esse padrão por conta do exemplo que você acaba dando. Nesse caso, se você quer que essa insatisfação diminua, você precisa estar na empresa quando eles chegam e sair só depois que eles vão embora. Ou, ainda, comparecer ao trabalho nos dias em que a empresa estiver aberta, mesmo que seja ponte de feriado ou um dia em que você tenha um evento especial, por exemplo.

Quinta abordagem motivacional

A estratégia anterior trabalhava com o esquema causa e efeito, agora, o que vamos entender é que para Burrhus Frederic Skinner, um psicólogo do Behaviorismo Radical, o segundo estímulo, aquele que vem após o resultado apresentado pelo colaborador, será o que vai determinar a ação e o controle de qualquer indivíduo, e não mais o primeiro.

Para enxergar resultados em uma estratégia motivacional, Skinner diz que é preciso que haja um esquema **S – R – S**, em que o primeiro S é o estímulo antecedente; o R central, o resultado esperado, ou o chamado operante; e o S posterior, o estímulo consequente (o responsável por ativar o circuito do prazer e condicionar o comportamento).

Para o S antecedente, é preciso pensar na especificação, ou seja, na projeção do córtex pré-frontal do líder no córtex do colaborador. Essa projeção deve ser tanto das metas – aquelas vistas na abordagem de Locke, as chamadas **metas A, B e C** –, quanto do reforço que aparecerá no S consequente. É imprescindível que a comunicação dessa etapa seja bem-feita, para que o tempo de latência entre o estímulo e a resposta seja menor, isto é, para que os resultados cheguem mais rápido. Por isso, a palavra-chave para o S antecedente é **precisão**.

O R operante é a fase própria da execução e da visualização. O que exatamente esse colaborador precisará desenvolver para atingir a meta? Para isso, existe a necessidade de uma lista com verbos de ação no infinitivo. Mas não só verbos abertos, sem nenhuma especificação. Por exemplo, se o verbo de ação escolhido é vender, o que ele precisa vender? Camisas azuis? Camisas azuis com rosa? Qual a quantidade? O colaborador precisa saber direcionar sua ação por meio do direcionamento verbal. Ele não pode, portanto, ter dúvidas.

O S consequente será feito após a apresentação do R operante por parte da equipe ou do colaborador. É importante ressaltar que ele pode ser de natureza positiva ou negativa. Um S consequente de natureza positiva é aquele presente ou aquele bônus no salário, responsável por instaurar boas práticas ou comportamentos adequados no ambiente corporativo. Ou seja, é o responsável por instaurar o operante ou o desempenho que proporcionou aquela recompensa. Já o reforço de natureza negativa acontece quando algo ou algum benefício é descontado em alguma medida. Por exemplo, uma empresa varejista pode dar uma comissão de 3% por peça vendida. Quando a meta não é alcançada, ou alguma boa prática de venda é violada, existe a política de desconto da comissão e ela pode passar a valer 2,5% por determinado período de tempo ou até o colaborador atingir a próxima meta. Quando o reforço negativo é instaurado, a motivação do indivíduo volta-se não para ganhar, mas para não perder e, automaticamente, os comportamentos inadequados vão limando-se e aquela maneira de operar, o R operante, é retirada.

Uma característica inerente a essa abordagem é o controle pelo ambiente. Uma vez que todo um time está exposto às metas e aos feedbacks autogerados da fórmula S – R – S, todos começam a se autorregular e a indicar pontos que ajudam o desenvolvimento dos colegas ou a não punição deles.

Conceitos básicos da motivação

Para que uma motivação ocorra, é preciso ativá-la. E essa ativação é feita dando um reforço primário – o prêmio extraído do desempenho, que pode ser, por exemplo, uma viagem ao final do trimestre. Mas só o reforço primário não motiva efetivamente alguém. Para isso, é preciso apresentar reforços secundários – os prêmios menores A, B, C no meio do percurso, a cada trimestre. Pois um ponto fundamental é que, se o indivíduo não esquece o primário e não foca o próximo secundário, ele não mantém o motivo ativado, não há direcionamento nem manutenção do motivo.

Então, ele precisa esquecer o grande prêmio do final para seguir adiante; afinal, ativar é diferente de motivar. É preciso ativar, dando direções específicas para o cérebro em crescentes, a fim de que se mantenha a motivação ou a manutenção do motivo.

Os programas motivacionais e o mundo: o caso DHL

Os programas de incentivo há muito fazem parte da paisagem empresarial nos Estados Unidos e na Europa. Com exceção do Japão, isso não se aplica à Ásia. Mas as coisas estão mudando. Empresas em países como Cingapura, Hong Kong, China, Taiwan e Índia estão introduzindo programas de motivação baseados em incentivos para aumentar a moral e a produtividade de seus funcionários de vendas.

Desse modo, a DHL começou, em setembro de 1995, a determinar metas-alvos específicas para cada vendedor. Então, para motivar as pessoas a atingirem suas metas, a administração da empresa criou um programa de incentivo em dinheiro e viagem. "Uma viagem [como férias, com todas as despesas pagas, para a Tailândia] tem todos os ingredientes para motivar e estimular", diz Michael Thibouville, diretor regional de Recursos Humanos.

É dado a cada vendedor um modelo de contêiner de carga aérea para encher. Os indivíduos que ultrapassam suas metas de vendas mensais recebem pequenos blocos para encher seus contêineres, os quais permanecem em cima de suas mesas, como um lembrete visível de quão bem eles estão indo.

Os funcionários de vendas da DHL têm a escolha de trocar os blocos por dinheiro ou pela viagem. "A beleza do nosso esquema de incentivo é que ele não é competitivo", diz Thibouville. "Descobrimos que os vendedores com as melhores práticas demonstradas de vendas, enquanto ajudavam, desenvolviam uma capacidade de estilo de consultoria em vendas entre os funcionários."

As vendas nessa empresa ultrapassaram as metas desde a introdução do programa de incentivo. Por quatro meses, 26 de seus 36 vendedores ultrapassaram suas metas em 40%, 2 em 35% e outros 2 em 30%.

A administração da DHL está vendo alguns dos resultados positivos que podem advir de um sistema de motivação bem planejado. No entanto, infelizmente, muitos gerentes ainda não perceberam a importância da motivação e da criação de um ambiente de trabalho motivador.

Motivou, recompensou

Agora que você entendeu que a motivação não está somente na recompensa, mas também no desafio da tarefa, vamos entender a sistematização desse reforço para que ele seja trabalhado conjuntamente à motivação dos colaboradores, fazendo com que busquem não só a recompensa, mas também a ativação do circuito do prazer de maneira condicionada.

Para começar, vamos retomar e aprofundar as tão citadas metas A, B e C a partir de situações que evidenciam como esse tipo de meta e recompensa se organiza.

Em uma equipe de vendas de roupas de ginástica, existem três vendedores e você quer motivá-los na campanha da Semana da Saúde no Brasil, que compreende o Dia Mundial da Atividade Física e o Dia Nacional de Mobilização pela Promoção da Saúde e Qualidade de Vida. Para isso, você precisa estabelecer parâmetros, pois nem todos têm o mesmo nível de desempenho ou a mesma experiência.

Roberto – trabalha na empresa há nove meses e possui um excelente desempenho.

Metas – A: vender 25 peças na semana; B: vender mais de 35 peças na semana; e C: vender mais de 50 peças na semana.

Recompensa – A: almoço; B: jantar com dois acompanhantes; C: um dia de folga em um *spa*.

Neide – trabalha na empresa há dois anos e tem um bom desempenho.

Metas – A: vender 20 peças na semana; B: vender mais de 30 peças na semana; e C: vender mais de 42 peças na semana.

Recompensa – A: almoço; B: jantar com dois acompanhantes; C: um dia de folga em um *spa*.

Larissa: trabalha na empresa há três meses e tem um bom desempenho.

Metas – A: vender 18 peças na semana; B: vender mais de 28 peças na semana; e C: vender mais de 32 peças na semana.

Recompensa – A: almoço; B: jantar com dois acompanhantes; C: um dia de folga em um *spa*.

O importante é que haja equidade de oportunidades com base no desempenho e no histórico de cada colaborador para que ninguém se sinta desmotivado ou deixado para trás.

Outro dado que merece um alerta é o reforço individual após o alcance das metas. O indivíduo precisa se sentir valorizado dentro da equipe, e, para isso, o elogio deve vir antes para ele, e não para o coletivo.

O esquema de metas A, B e C é a base para qualquer programa motivacional que leva em conta um esquema de recompensas bem estruturado. Mas o ponto principal dele é ser uma cadeia de reforçamento. Olhe o esquema a seguir para entender como isso funciona.

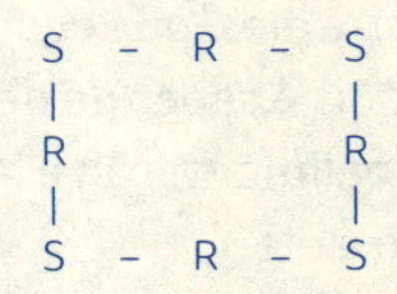

Na primeira linha, pensamos na horizontalidade construída na quinta abordagem. Mas, quando entramos na linha vertical, o que antes era S consequente torna-se S antecedente, pois esse é o momento em que a meta A é finalizada e a meta B, iniciada, e assim consequentemente. Esse esquema de metas é extremamente eficiente, afinal, trabalha de maneira conjunta as abordagens e eficientemente o modo de recompensa, fazendo com que ela sirva de gatilho para o reinício do circuito do prazer motivacional.

Feedbacks eficazes

Depois de direcionar um colaborador e você conseguir enxergar os primeiros resultados, chegará o momento do feedback – muitas vezes, temível e veementemente evitado. Mas essa mentalidade deve ser excluída a partir de agora. Não há feedbacks "durões" que promovam resultados e instaurem uma cultura corporativa amigável. Esse estilo *old school* já não tem os efeitos benéficos que um dia se achou que promovia.

O primeiro tópico que precisamos ter em mente, portanto, é que o feedback não é uma bronca. Na realidade, ele deve ser uma **retroalimentação** que é dada a atitudes e resultados vindos dos colaboradores de uma empresa para que eles possam continuar se desenvolvendo de maneira responsiva ao que o ambiente de trabalho precisa naquele momento.

Aqui, apresento diferentes vertentes de feedbacks para que possamos entender melhor como reagir a cada situação e como melhorar a comunicação sem despejar em um bode expiatório broncas sem fim e sem desconsiderar os talentos dentro de sua empresa – é comum que o feedback positivo seja deixado de lado e menosprezado. Tanto os feedbacks positivos quanto os construtivos têm a capacidade de manter a equipe motivada. Mas, para isso, você precisará cultivá-los. Você terá de dedicar o seu tempo a essa devolutiva crucial do crescimento material ou do estabelecimento de uma nova cultura na empresa.

Situacional

Como o próprio nome já indica, o feedback situacional será aquele que serve para qualquer situação, seja um conflito entre colaboradores, uma negociação externa, seja o famoso "nós contra eles" que ocorre entre os líderes da empresa. Essa é uma técnica universal, pois é capaz de derreter as muralhas individuais de quem está recebendo a retroalimentação e fazer com que esse indivíduo se abra para o que está sendo dito a ele.

> Antes de entrarmos na técnica, vamos conhecer uma situação que gerou desconforto e entender, na prática, como esse tipo de feedback resolveria o problema.
>
> Você é o gerente de vendas de uma empresa de autopeças e reúne sua equipe semanalmente durante toda uma manhã para uma reunião geral. Um dia, o gerente financeiro lhe pediu que dividisse o tempo da reunião com ele, pois ele queria alinhar alguns pontos. Você permitiu. Entretanto, no momento da reunião, esse gerente deixou apenas trinta minutos para que você discutisse os assuntos da semana inteira. Era impossível alongar a reunião, uma vez que estava perto do almoço e a equipe tinha uma agenda cheia de visitas a clientes na parte da tarde.
>
> O que fazer? Como reagir a essa falta de consideração que o acometeu? Você, nesse momento, não é capaz de tomar uma decisão assertiva, pois sua amígdala central está pulsando e você está nervoso, afinal, sabe que a semana não será a mesma sem essa reunião. Para diminuir o nervosismo, você precisa dispersar a ameaça da amígdala e resolvê-la no córtex pré-frontal, "imaginando" uma situação ou estabelecendo metas e criando um plano de ação.

Essa técnica passa por um processo de despejo da ansiedade da sua amígdala para o seu córtex e do seu córtex para o córtex do outro, nesse caso, sem que haja a ativação do circuito de ameaça de quem vai receber a mensagem. Para isso, vamos usar uma sigla que vai direcionar a mensagem que precisa ser dita.

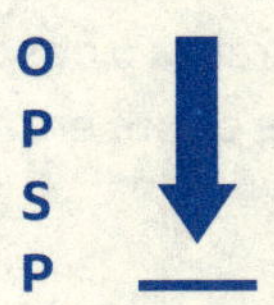

Observei que...

A primeira palavra é **observar**. Aqui, o objetivo é narrar a situação que originou o desgaste, o conflito ou a insatisfação com verbos de ação e sem aplicar quaisquer juízos de valor. É, portanto, fazer uma narrativa específica que vai despertar a criação de imagens no córtex pré-frontal de quem está recebendo a mensagem, desativando o circuito da ameaça e diminuindo a resistência. Por exemplo: "André, ontem, começamos a reunião semanal às 9h30, você entrou na sala em torno de 9h45 e, quando me pediu que cedesse o tempo na reunião, eu cedi. Você dominou a reunião, conversando com a equipe até 11h30, me deixando apenas trinta minutos para conversar com a turma". Simultaneamente, o córtex pré-frontal do emissor e o do receptor estão sendo ativados.

Pensei que...

A segunda palavra é **pensar**. Nesse momento, você vai compartilhar hipóteses que justifiquem a ação da narrativa. Por exemplo: "Então, eu pensei sobre isso e me dei conta de que alguém da sua família não está muito bem e que, nos últimos dias, por conta disso, você não está tendo suas noites de sono. Acho que você estava muito cansado e mal percebeu que o tempo voou. Além disso, vi que as contas acabaram saindo dos eixos este mês, você deveria estar preocupado e talvez estressado com a atitude de alguns membros da equipe e acabou aproveitando para dar o recado que deveria ser direcionado para alguns, não para todos eles". Dois pontos de atenção nessa etapa: essas hipóteses não podem ser comunicadas de maneira genérica, nem acusatória, dizendo "você fez isso", "você deveria ter prestado atenção" etc.

Senti que...

A terceira palavra é **sentir**. O sentimento, como as hipóteses, não pode ser acusatório, nem genérico. O segredo, nesse momento, é focar o que você, na primeira pessoa, sentiu com essa situação. Diga: "Eu me senti desprestigiado diante da equipe e desconfortável por não poder interromper e dizer o que tinha para dizer para eles". Ao narrar verdadeiramente o seu sentimento, você não hiperboliza a situação e não generaliza o desconforto de apenas uma situação, contaminando toda a relação que existe entre vocês dois.

Peço que...

A última palavra é **pedir**. É o momento de dar uma solução para o conflito de maneira direta e objetiva. Por exemplo: "André, então peço que, na próxima vez que fizermos reunião e você precisar conversar com a equipe, você monitore o seu horário para dizer tudo o que precisa em trinta minutos, poder ser? Caso você precise de mais tempo, nós abrimos essa negociação durante a reunião". O pedido específico precisa ter uma relação direta com todos os passos anteriores para que o indivíduo saiba que terá uma próxima oportunidade de acertar, sem que o circuito de ameaça seja ativado.

Diretivo

Essa segunda maneira de aplicar um feedback deve ser usada em ambientes de alta tensão, quando a mensagem precisa ser passada imediatamente ao colaborador, **inibindo um comportamento inadequado** para evitar que os processos ou o ambiente de trabalho saia do controle e "pegue fogo". É importante que essa mensagem não seja tirânica, mas que seja passada com a propriedade de um dono de negócio que está presente e tem controle da resolução de situações que afetam diretamente o ambiente de trabalho.

Para direcionar a mensagem, você pode escolher entre três estilos.

Estilo direto

Na linha de produção de jeans, você visualiza algo de errado acontecendo na parte do acabamento e isso está impedindo que o trabalho seja finalizado como deveria. Então, você percebe que o problema está centralizado em um dos colaboradores. Você deve chamá-lo em sua sala e dizer: "Luciano, em nome de toda a equipe, peço que esse comportamento não se repita". Rápido, prático e direto ao ponto, dando liberdade para que a pessoa adapte a maneira de trabalho como preferir, mas sabendo que aquilo não pode se repetir.

Estilo democrático

Pensando na situação anterior e usando-a como base, você pode dar um feedback trazendo algumas possibilidades de como trabalhar e evitar que aquela situação se repita. É importante que a primeira parte do exemplo anterior seja aplicada, mas que, ao final, você dê algumas diretrizes de como faria aquele trabalho de outra maneira. Assim, você ativa o córtex pré-frontal, dando possibilidades de planejamento a esse colaborador, reduzindo o circuito de ameaça e a ansiedade que a situação poderia acarretar.

Estilo autocrático

Esse seria o famoso general, aquele que diz que determinada situação não deve se repetir e qual a maneira mais certa de se fazer. Geralmente, ele impõe o modo como ele faria para todos os colaboradores.

Na pós-modernidade, o feedback diretivo mais recomendado é o democrático, pois, além de ser politicamente correto, ele diminui o medo dentro da equipe. Entretanto, o ponto de atenção comum a todos os três estilos deve ser o controle da raiva. A mensagem deve focar a inibição da ação, como uma flecha que atinge o problema sem titubear.

Por competências

Esse tipo de feedback não é comum em pequenas e médias empresas. Ele é recomendado às empresas que já estão completamente estruturadas e ordenadas para manter as grandes equipes em um ritmo de trabalho consistente, ao incentivar os colaboradores a escreverem suas atribuições periodicamente e a refletirem sobre elas. Mas, ao contrário do que foi feito nas duas últimas técnicas, ele deve ser usado para comunicar tanto pontos positivos quanto o que pode ser melhorado.

O primeiro passo é escolher uma equipe e pedir aos membros que elenquem o que fazem no dia a dia. Você deve recolher essas listas e transformá-las em um rol de atribuições com verbos de ação no infinitivo e, além disso, pode complementá-las de acordo com a função e o cargo ocupado. Depois de finalizada, você tem a lista de competências – aquilo que o colaborador deve saber fazer – em mãos para trabalhar quanto elas estão sendo cumpridas ou não.

Agora, você deve estabelecer um controle de pontuação para cada uma das competências. Veja o exemplo.

Função: Supervisor

Atribuições: Supervisionar a saída dos caminhões para as entregas

Competências	**Notas:**										
Checar as OSs	**0**	**1**	**2**	**3**	**4**	**5**	**6**	**7**	**8**	**9**	**10**
Organizar a ordem de saída dos caminhões											
Traçar o trajeto da entrega											

A avaliação por notas, portanto, fará parte do feedback por competências. Você deve se reunir com cada um dos colaboradores da equipe da qual você traçou as competências e valorizar os pontos bons e sugerir melhorias, indicando alguns caminhos para aquelas competências com baixa avaliação.

Os feedbacks não parecem ser exatamente uma motivação, mas eles são fundamentais para que os comandos do dono da empresa sejam atendidos para garantir a constância dos resultados e da motivação da equipe. Por isso, é essencial que os elogios também apareçam.

Agora, basta motivar e recompensar!

Você pôde constatar neste capítulo algo que, imagino, já sabia na prática: quando estamos motivados, tudo fica melhor! O circuito do prazer é acionado, a performance sobe, os resultados aparecem. Agora, porém, você conhece diversas abordagens motivacionais possíveis, entende como elas funcionam e qual a técnica para aplicá-las. Também viu que motivação e recompensa andam lado a lado. É preciso motivar e recompensar, motivar e recompensar, motivar e recompensar... em uma cadeia de reforçamento constante. E, indo além, entendeu o trunfo do feedback como uma ferramenta essencial nessa dinâmica motivacional.

Construindo o futuro na prática

Uma das técnicas mais recorrentes no tema da motivação e recompensa é o uso das metas A, B, C, como você pôde ler aqui. Então, lanço o desafio de você montar uma cadeia de reforçamento para as diferentes áreas da sua empresa. Você pode começar com um departamento e depois expandir para toda a empresa.

Trilha da Recompensa – um exemplo de cadeia de reforçamento

A Trilha da Recompensa foi a cadeia de reforçamento elaborada para uma equipe de atendimento.

Objetivo: alcançar em três meses a "meta Ótima".
Duração: três meses.
Participantes: todas as equipes que fazem atendimento, compreendendo os departamentos Recepção, Atendimento e Relacionamento.
Problemas a serem superados:

- Atender o cliente prontamente.
- Solucionar bem o/a problema/reclamação do cliente.
- Comunicar com clareza todas as informações a respeito do chamado ao cliente.

Metas: Boa (A), Ótima (B), Maravilhosa (C).

Regras:
Como conquistar os pontos:

- Cada atendimento será avaliado pelo cliente com notas de 0 a 10.
- Os clientes respondem a três perguntas:
    - Você foi atendido prontamente? (Sendo 0 não fui atendido; 3 fui atendido com demora; 5 fui atendido em um tempo tolerável; 7 fui atendido sem demora; 10 fui atendido em tempo recorde.)

  - Seu/sua problema/reclamação foi bem solucionado/a? (Sendo 0 não foi solucionado; 3 foi solucionado, mas não fiquei satisfeito/não estou de acordo; 5 foi solucionado, mas não era o que eu queria inicialmente; 7 foi solucionado e fiquei satisfeito; 10 foi solucionado e fiquei positivamente surpreso.)
  - Todas as informações a respeito do seu chamado e do desenvolvimento dele lhe foram comunicadas com clareza? (Sendo 0 não recebi informações; 3 recebi informações erradas; 5 recebi informações incompletas ou apenas as básicas; 7 recebi informações satisfatórias; 10 recebi informações excelentes e bem detalhadas).

Fechamentos:

- Três fechamentos, um por mês (dia 20).
- O resultado de um mês não acumula para o próximo.
- Um fechamento trimestral, considerando os pontos acumulados do trimestre.

Pontos extras:

- No trimestre haverá duas campanhas-relâmpago, que distribuirão pontos extras.

Divulgação dos resultados:

- Em reunião presencial, todo dia 1º.

Performance:

- Fechamento mensal:
  - Os Sensacionais do mês: um de cada equipe, pontos não acumulativos.
  - O Supersensacional do mês: maior pontuação do mês, independentemente da equipe.
- Fechamento trimestral:
  - Média Boa do trimestre / média Ótima do trimestre / média Maravilhosa do trimestre: média de pontos por equipe, durante o trimestre.
  - Prêmio Supersensacional do trimestre: maior média do trimestre.

Premiação mensal:

- Os Sensacionais do mês: poderão escolher um prêmio da tabela de premiação mensal, de acordo com a pontuação alcançada ou poderão acumular o valor para trocar até o final do trimestre.
  - Boa: de 80 a 120 pontos = prêmios de até R$ 100
  - Ótima: de 121 a 150 pontos = prêmios de até R$ 150
  - Maravilhosa: acima de 151 pontos = prêmios de até R$ 200
- Os Sensacionais do mês: receberão 10 pontos.
- O Supersensacional do mês: receberá 15 pontos para o próximo mês e válidos para o acumulado.

Premiação trimestral:

- Todos os colaboradores serão premiados de acordo com a média geral da equipe no trimestre se alcançarem a pontuação a seguir, podendo escolher um prêmio da tabela de premiação trimestral.
    - Média Boa: de 80 a 120 pontos
    - Média Ótima: de 121 a 150 pontos
    - Média Maravilhosa: acima de 151 pontos
    - Além da premiação individual, haverá um prêmio por equipe.
    - Média Boa: um coquetel no valor de R$ 300
    - Média Ótima: rodízio de pizza no valor de R$ 500
    - Média Maravilhosa: uma festa no valor de R$ 1.000

Cadeia de reforçamento

Para montar a cadeia de reforçamento de um departamento, trilhe os passos a seguir.

- Faça um levantamento dos principais problemas enfrentados.
- Defina, usando um verbo de ação no infinitivo, o que precisa acontecer para que o problema se reverta.
- Defina o período em que o reforço estará ativo. Recomenda-se que se trabalhe com trimestres.
- Divida o reforço total entre reforço primário (o prêmio que extraí o desempenho) e reforço secundário (são os prêmios menores – A, B, C – no meio do percurso).
- Recorte sempre em três as metas para ganhar o reforço: A, B, C.
- Verifique se é preciso ajustar as metas para parâmetros distintos entre equipes ou indivíduos.

Capítulo 7

Diretriz 5: Conviver

Após um longo período de perdas de funcionários, metas caindo, colaboradores desanimados, o topo de hierarquia de uma renomada empresa do interior de São Paulo, finalmente, decidiu discutir por que isso estava acontecendo.

Um dos líderes mais antigos dizia: "Somos tão promissores! Estamos sempre no topo dos melhores indicadores do país. Como isso pode estar acontecendo? Já até colocamos alguns pufes no refeitório para tornar nossa empresa mais agradável...".

Já Juliana Bertran, que era totalmente adepta da implementação de condutas mais modernas na empresa, defendia veementemente que aquilo era uma tentativa falida de resolver o real problema do que estava acontecendo ali. E, em todas as reuniões e discussões acaloradas, ela afirmava: "Já passou da hora de ouvirmos a base da empresa, ouvir quem realmente faz tudo isso aqui funcionar de fato. Só assim vamos saber o que devemos fazer".

Então Juliana, a única que dava um suspiro de modernidade àquela empresa, levantou-se, apagou as luzes da sala e iniciou uma bela apresentação de slides, com indicadores das grandes empresas de consultoria e com resultados realmente inspiradores que as transnacionais haviam alcançado no mundo. Nesses belos slides havia notícias de todos os tipos: "Empresa implementa a técnica da escuta ativa e diminui o *turnover* em 50%"; "Organização norte-americana investe em talentos juniores para o desenvolvimento de novos softwares e lucra 30% a mais que o esperado"; "Hierarquia organizacional de uma renomada empresa brasileira é horizontalizada e os resultados são os melhores já vistos"; entre outras histórias tão inspiradoras quanto essas.

No fim de um discurso excepcional, ela acendeu as luzes e percebeu o impacto que tinha causado. Houve cinco segundos de silêncio e, logo em seguida, uma chama foi acesa. Milhares de ideias começaram a borbulhar, entre elas, foi inegável a existência de alguns narizes torcidos, mas o importante é que a chama se alastrou e foi parar no e-mail de todos os colaboradores:

"O líder de cada setor convoca sua equipe para uma reunião geral para saber o que poderia ser melhorado na nossa empresa".

No final do e-mail, havia uma observação imponente:

"Queremos ouvir o que vocês pensam!".

No dia seguinte, já dava para notar que havia uma energia diferente rondando os andares daquele imenso edifício. Os times conversavam entre si para saber se pensavam a mesma coisa. Havia desconfiança, mas também havia um frio na barriga motivador.

Todas as equipes foram se encaminhando para suas devidas salas de reunião e viram um ambiente aconchegante. Na sala da Juliana, havia um grande tapete estendido no chão, a líder sem os sapatos e sentada de pernas cruzadas sobre o tapete, convidava: "Entrem! Sintam-se à vontade!".

Após um momento de estranhamento – breve ainda nos mais novos, longo para os mais velhos –, todos se sentaram.

Juliana, então, começou a compartilhar o que a empresa estava passando e, principalmente, a dizer que havia notado a infelicidade de sua equipe nos últimos tempos. Por isso, ela gostaria de ouvi-los, um a um, para saber o que poderia ser melhor.

Para que se sentissem mais à vontade e não ficassem constrangidos, Juliana sugeriu que o time ficasse na sala de convivência, tomando um café, e que fossem entrando um a um para conversar com ela. E assim o dia seguiu: saía um, entrava outro e Juliana com seu bloco anotando todas as muitas sugestões sobre como transformar a empresa em um lugar melhor para se trabalhar.

Até que Gabriel entrou na sala. Ele se sentou diante de Juliana e começou a dar suas sugestões para a melhoria do ambiente de trabalho: "Vejo que hoje em dia muitas empresas dão o dia de aniversário *off* para os funcionários, sabe, como um presente? E isso me parece bacana. Se a gente comesse um bolo no fim do mês ou saísse pra fazer um almoço todo mundo junto pra celebrar os aniversários do mês, poderia ser legal também. Se tivesse ar-condicionado no refeitório e senha liberada pra plataformas de *streaming* pra gente assistir e ouvir num momento de descontração. E a gente também poderia ser liberado pra sextar mais cedo".

Juliana ouvia tudo com muita atenção e ia anotando ponto a ponto, sem deixar escapar nada.

"Muito obrigada pelas suas contribuições, Gabriel. Elas são valiosas. Você gostaria de completar com mais algum ponto ou isso é tudo?"

Gabriel já estava se levantando quando ela lhe fez essa pergunta. Balançou a cabeça, apertou os lábios e fez aquele olhar de "hummm talvez seja a minha deixa".

"Ah, Juliana, já que você está sendo tão aberta e receptiva às nossas ideias e só porque você me perguntou se eu não teria mais nada a dizer para contribuir... sabe, eu gostaria de lhe dar um feedback."

"Claro, Gabriel, é para isso mesmo que estamos aqui. Siga em frente!"

E Gabriel seguiu mesmo.

"Gosto muito de trabalhar com você, Juliana. Muito mesmo! Mas acredito que a nossa relação seria muito melhor se você não me cobrasse de maneira insistente e repetitiva, como você costuma fazer."

Juliana queria de fato entender do que se tratava aquela solicitação de Gabriel, e o estimulou a continuar: "Certo, Gabriel. Mas, quando você fala de cobrança insistente, seria exatamente o quê?".

E Gabriel, muito senhor de si, com a autoestima de quem sabe o que quer e tem propriedade para falar, lançou: "Não entendo por que você insiste em cobrar que eu chegue na hora, que eu participe do *call* para o qual você me convocou sem a minha anuência, que eu responda o *chat* no mesmo dia, alegando que me escreveu ainda durante o meu horário de trabalho... Sabe, você vive exigindo que eu entregue os projetos, que suba os conteúdos no ar, que mantenha o *drive* organizado... essas coisas que, convenhamos, dão uma azedada no relacionamento que eu tento estabelecer com você aqui dentro".

Ah! Tem um detalhe que me esqueci de trazer aqui antes de contar sobre essa reunião de melhorias: Juliana era a Diretora de Comunicação da empresa. Já, Gabriel, era o estagiário, que cursava o 1º ano de Publicidade na faculdade e havia entrado na empresa havia três meses.

Mas o que aconteceu aqui? A Geração X, personificada pela Juliana, deve entender que, ao abrir espaço para a geração mais nova, Y e Z, dar qualquer tipo de feedback, fora do que se é proposto ou combinado inicialmente, sem que haja um delineamento para isso, qualquer tipo de observação e opinião pode sair dali. As gerações mais novas dão feedbacks "sem filtro", como costumamos dizer, ao se colocarem no lugar de grandes conhecedores da vida. Este será o grande desafio: feedbacks devem ser direcionados com pertinência.

Juliana (Geração X) deve ficar atenta, pois lidou com Gabriel (Geração X e Z) como se estivesse lidando com alguém com a mesma idade, experiência e hierarquia que ela. O foco em abraçar e engajar os colaboradores fazendo-os participar de processos e mudanças na empresa deve ser pedir ideias e sugestões. A partir disso, a triagem e o desenvolvimento de tais ideias devem ser feitos pelo líder, com base na sua maturidade e experiência, na adequação daquilo à realidade dos colaboradores e nas possibilidades reais da empresa. Essa definição cabe às gerações mais maduras, como a Geração X.

Já as Gerações Y e Z, personificadas pelo Gabriel, precisam ser trabalhadas para entender que feedbacks relacionados à produtividade não são feedbacks pessoais, e sim feedbacks relacionados aos resultados da empresa.

Portanto, os mais novos têm de desenvolver a contenção, a retenção, o respeito e a atenção. Ao passo que os mais velhos precisam trabalhar a pertinência e o direcionamento do estímulo.

O FUTURO É PLURAL

Como abraçar a pluralidade no ambiente de trabalho

Uma das grandes questões atuais dos negócios é conseguir sair da sua bolha. Não dá mais para achar que uma região, cidade ou país só tem um tipo de pessoa. E se, dentro da nossa empresa, não houver pessoas com experiências de vida diferentes, de níveis sociais diferentes, orientações sexuais diferentes, religiões diferentes, culturas diferentes, escolaridades diferentes, entre outros, não será mais possível "tapar o sol com a peneira" e fingir que conhece, vive e dialoga com a diversidade. É imperativo que o pluralismo abrace todos os âmbitos e ambientes da empresa.

Mas, primeiro: o que é o pluralismo? Quando buscamos a palavra "pluralismo" no dicionário Houaiss,[10] encontramos as seguintes definições:

> 1. qualidade do que é plural.
> 2. teoria segundo a qual o universo é composto de uma pluralidade de elementos fundamentais, que, embora heterogêneos, mantêm contiguidade, continuidade e concatenação entre si.
> 3. pensamento, doutrina ou conjunto de ideias segundo as quais os sistemas políticos, sociais e culturais podem ser interpretados como o resultado de uma multiplicidade de fatores ou concebidos como integrados por uma pluralidade de grupos autônomos, porém interdependentes.
> 4. sistema que admite a existência, no seio de um grupo organizado, de opiniões políticas e religiosas e de comportamentos culturais e sociais diversos; a coexistência destas correntes.
> 4.1. estado de uma sociedade que, voluntária ou involuntariamente, admite esse sistema.
> 4.2. doutrina que defende a pluralidade de partidos políticos em uma sociedade, com direitos idênticos ao exercício do poder público.

Agora, pense em sua empresa e nos instrumentos que você pode aplicar na equipe para conhecê-la melhor. Com base nos resultados obtidos ou na sua observação do dia a dia empresarial, quanto você julgaria que sua equipe é plural? Acredita que, para a saúde da firma, seria melhor ter um time homogêneo ou um heterogêneo? E para conseguir atender melhor seus clientes, isso seria útil? Ou, ainda, seria um trunfo no desenvolvimento de novos produtos?

Saindo da sua empresa e olhando para o contexto social, perceba quanto a pluralidade permeia a paisagem urbana. Observe a quantidade de protestos relacionados ao racismo sistêmico e a quaisquer preconceitos que afetam o dia a dia da sociedade, movimentando desde as ruas até o núcleo fechado dos lares. Essas forças evidenciam questões que foram por muito tempo abafadas

---

10 PLURALISMO. *In*: DE MELLO FRANCO, J. R. **Houaiss UOL**. Disponível em: https://houaiss.uol.com.br/corporativo/apps/uol_www/v6-1/html/index.php. Acesso em: 25 ago. 2023.

e oprimidas e, portanto, leva-nos a refletir e a aprender a lidar com os efeitos das crises globais – nesse caso, crises positivas e necessárias – e das suas repercussões dentro de nossos negócios.

A fuga de conflitos e da zona de conforto de se ter por perto apenas pessoas que pensam e vivem como você para manter a empresa funcionando bem não pode mais ser mais uma opção. O mundo mudou, se globalizou, se misturou e, principalmente, se descobriu e, com isso, não aceita mais negócios enrijecidos e que enxergam a vida e as pessoas por um prisma único e cristalizado.

Temos de aproveitar este momento que oferece novas perspectivas de diversidade e inclusão para consolidá-las nas empresas. Para isso, a diversidade, ou seja, o pluralismo, deve ser uma característica inerente à empresa do futuro.

McKinsey & Company e a diversidade

Em junho de 2020, a McKinsey publicou uma pesquisa intitulada *Diversity Matters* – América Latina, explorando por que as empresas que adotam e adotaram a diversidade são mais saudáveis, felizes e rentáveis, principalmente após a crise global que instaurou modelos de produção que vieram para ficar.

Para além das crises imediatas, as empresas na América Latina precisarão de muita determinação e resiliência para se reconstruir e percorrer um caminho econômica e socialmente viável rumo ao "novo normal". Os líderes precisarão recorrer aos pontos fortes de todos os indivíduos em suas organizações para encontrar oportunidades de restabelecer e adaptar suas operações.[11]

Esse relatório trouxe um quadro muito bem desenhado da importância da diversidade dentro do ambiente de trabalho. Ter pessoas diferentes, que, além de uma criação distinta, além de uma origem social distinta, tenham uma identificação distinta daquela que é predominante, abre portas muito maiores do que podemos prever. Quanto mais diversidade entre os colaboradores, maiores são os insights que as empresas podem ter e maior é o comprometimento entre os funcionários para garantir que o ambiente seja saudável.

Há de se instaurar na empresa do futuro um compromisso com a diversidade, mas não um compromisso superficial, como uma pseudorrepresentatividade que não reflete de fato a mudança do posicionamento da empresa. É preciso firmar um compromisso que aloque a diversidade em suas mais distintas vertentes em cargos de liderança e em cargos de alta gerência, para que ela

11 MCKINSEY & COMPANY. Diversity Matters**:** América Latina. Por que empresas que adotam a diversidade são mais saudáveis, felizes e rentáveis. **McKinsey & Company**, 2 jun. 2020. Disponível em: https://www.mckinsey.com/br/our-insights/diversity-matters-america-latina#/. Acesso em: 10 out. 2023.

seja instaurada de cima para baixo, dentro de todos os níveis hierárquicos. Ao mesmo passo que é preciso trazer um olhar aberto, diverso e abrangente para a contratação de base, nos processos para os cargos de estagiários, trainees e analistas, pois só assim, com o crescimento natural desses colaboradores em seus planos de carreira, eles vão começar a permear os mais distintos níveis hierárquicos da empresa e capilarizar por dentro dela visões, vivências e posições genuinamente plurais.

Nos próximos anos, portanto, as empresas que melhor aderirem às exigências da sociedade terão mais chance de manter-se em constante evolução, inovando, colaborando, aprimorando, trabalhando em equipe e promovendo uma liderança eficaz, que busque desenvolver seus colaboradores e ter diversidade dentro das equipes.

A pluralidade requerida hoje também desafia o mundo pós-moderno, em que a autossegregação é voluntária e cada vez mais normalizada: o universo supertecnológico das nossas telas e redes sociais nos faz *escolher* só conviver com quem é igual a nós, com quem tem a mesma visão política, a mesma religião, com quem frequenta os mesmos lugares e compartilha das mesmas experiências. Acabamos por nos encerrar em uma superbolha que não nos deixa ver e viver o que existe fora dela. É um isolamento não só individual, como também em grupo: eu me junto aos meus para nos isolarmos dos outros que são diferentes de nós. E o pluralismo nas empresas vem para romper com isso – mas não é um desafio fácil.

Atente-se, então, aos níveis de diversidade dentro da equipe e dos pequenos núcleos que se criam dentro da empresa. Não é possível atender àquilo de que a sociedade precisa, se há apenas uma voz ecoando no seu negócio. É preciso entender claramente que a sua empresa precisa existir não só para você, mas para que as pessoas possam contar com ela.

Além da performance financeira, portanto, o pluralismo no ambiente de trabalho é capaz de reter e causar a força centrípeta. A cultura da empresa apoiada na diversidade causa um efeito dominó "retencional", no qual os vínculos são instaurados e a vontade de continuar dentro de uma mesma empresa por mais de três anos aumenta. Quando há felicidade dentro do ambiente corporativo, o afeto, consequentemente, se desenvolve; e, quando o afeto está envolvido, a dedicação e a performance também crescem proporcionalmente.

As diferenças geracionais

Uma das grandes dores sentidas pelos empresários é a necessidade de enfrentar conflitos geracionais em seus negócios – e é por isso que um ponto crucial de uma pluralidade pacífica e bem resolvida no ambiente de trabalho envolve justamente as maneiras de lidar com as diferentes gerações que convivem no seu negócio.

Antigamente, as gerações demoravam em torno de vinte e cinco anos para mudar e alterar suas tendências, mas atualmente essa regeneração está ficando cada vez mais acelerada, forçando os negócios a se adaptarem à maneira de funcionamento dos mais novos. Vejo no meu set terapêutico quanto a relação entre as gerações causa transtornos, estresse e desgaste dentro das empresas, mas é essencial pensarmos que manter a postura reativa não funciona, é essencial saber tirar o melhor proveito das crises e das mudanças repentinas.

O tema "gerações", o qual já visitamos rapidamente no Capítulo 4, Diretriz 2: Alocar, agora será visto por outro prisma, para que você possa compreender o lado fisiológico desse conflito e, depois, incrementar as influências do espaço-tempo no comportamento, no perfil e na construção de crenças dos seus colaboradores.

Hipocampo *versus* córtex pré-frontal

O hipocampo, uma região primitiva do córtex cerebral, ou seja, antiga do ponto de vista evolutivo, é responsável por guardar e proteger as memórias e pelo registro das informações apreendidas e das experiências vividas.

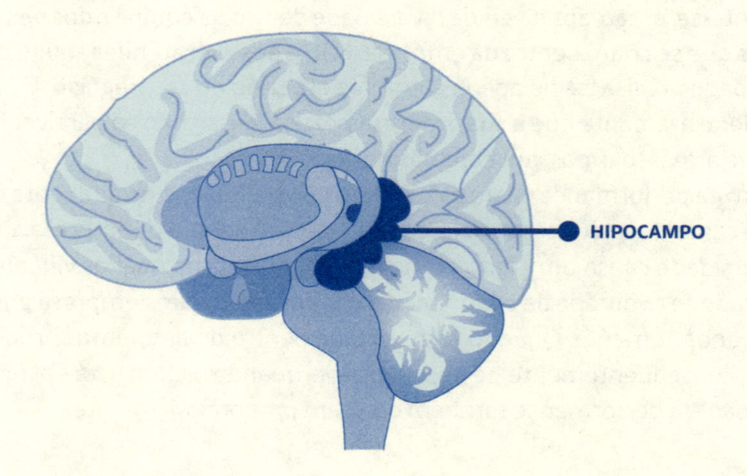

Já o córtex pré-frontal, a região que mais demora para se desenvolver no nosso cérebro – pode demorar até vinte e cinco anos –, é responsável pela tomada de decisão, pelos nossos comportamentos sociais, pelo planejamento, pela reflexão, pela idealização do futuro e por uma série de outras ações ligadas às chamadas "funções executivas".

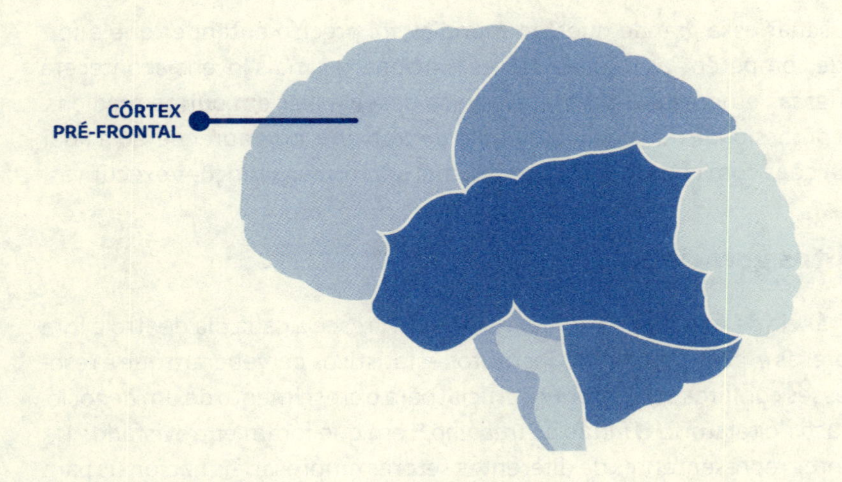

As pessoas mais velhas estão constantemente recorrendo ao hipocampo, basta lembrar as histórias que os avós da família costumam contar para transferir o *know-how* aos mais jovens. Mas não só isso, as pessoas adultas têm uma história e um passado repleto de aprendizados muito bem solidificados no hipocampo. Já o jovem não tem como recorrer a essa região, uma vez que está sempre em busca da maturação de seu córtex pré-frontal, pois precisa tomar decisões inusitadas ou seguir rumos ainda desconhecidos.

A manutenção do córtex pré-frontal torna-se ainda mais tardia, pois, hoje em dia, os jovens estão cada vez mais restritos às suas casas e aos seus aparelhos digitais, tirando as interações não virtuais da moda e, consequentemente, não trabalhando as funções executivas dessa região cerebral, retardando a mielinização – momento em que a região está pronta para atingir toda a sua capacidade. Além disso, a falta de interação com o mundo real causa uma falsa sensação de que as decisões tomadas no ambiente digital não terão consequências, impedindo que o jovem desenvolva habilidades de socialização mais complexas, impedindo a reflexão sobre suas ações e bloqueando o pensamento a longo prazo, já que a satisfação está voltada às novidades que um clique pode proporcionar.

Com isso em mente, precisamos voltar um pouco no tempo para entender as consequências disso dentro das empresas, pois ninguém percebeu de imediato que o problema estava na regeneração da força de trabalho.

A partir de 2014, após as pesquisas da Statista, uma empresa alemã que oferece estatísticas, *insights* e relatórios sobre o mercado, observou-se que 63% das empresas com dez ou mais funcionários estavam enfrentando uma grande falta mão de obra qualificada em decorrência do excesso de estímulos recebidos pela pós-modernidade. O *turnover* e a falta de mão de obra tornaram-se, portanto, um problema real para a saúde das empresas.

Para sanar essa grande questão mundial, foi preciso entender que a formação de competências básicas desses funcionários mais jovens acontecerá dentro dessas empresas. Agora, eles vão se desenvolver em outras medidas, além da profissional, dentro do ambiente de trabalho, pois aprenderão a lidar com situações com consequências reais, maturando suas funções executivas.

Conflitos geracionais

A importância de manejar o conflito geracional cresce a cada dia dentro e fora das empresas e, por isso, grandes institutos estatísticos perceberam que a resolução desses conflitos são um ponto crucial para o crescimento de um negócio.

É o caso do relatório *O futuro do trabalho*,[12] em que foram entrevistados 113 dos maiores representantes de diferentes setores empresariais nacionais para descobrir quais são, na opinião deles, as principais megatendências a impactar a transformação dos negócios nos anos seguintes à realização do estudo. Com 40% dos votos, as mudanças demográficas – ou seja, a presença de novas gerações no ambiente de trabalho e o envelhecimento da força laboral – apareceram como a quarta megatendência mais apontada pelos participantes.

O não entendimento sobre os aspectos de cada geração, portanto, faz com que o ambiente de trabalho tenha lacunas que sejam a criptonita das relações interpessoais dento da organização e do próprio desenvolvimento organizacional.

Para entendermos o porquê disso, é essencial que conheçamos o triângulo da funcionalidade de um indivíduo (visto na imagem a seguir), com os pontos cruciais para o desenvolvimento de qualquer ser humano.

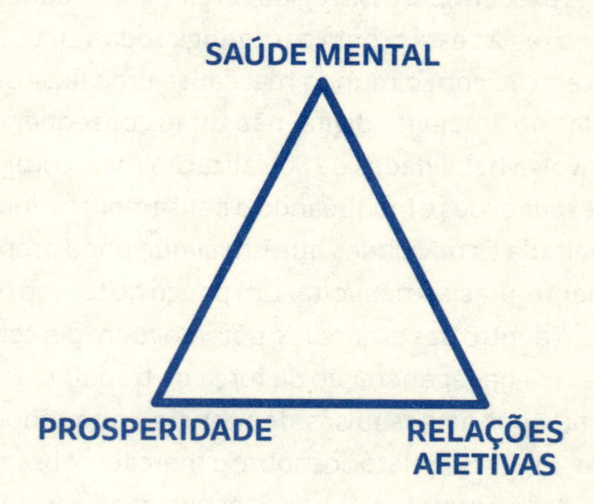

12 FUNDAÇÃO GETÚLIO VARGAS; PRICEWATERHOUSECOOPERS. **O futuro do trabalho**: impacto e desafios para as organizações no Brasil, 2014. Disponível em: https://www.cohros.com.br/uploads/tinymce/uploads/PDF/FuturoDoTrabalho.pdf. Acesso em: 24 set. 2023.

Quando alguns desses pontos não estão saudáveis, o indivíduo enfrenta uma série de problemas tanto na vida pessoal quanto na profissional; e, no ambiente empresarial, o conflito geracional tem sido uma das principais causas do desbalanceamento das relações afetivas estáveis. Sim, as relações afetivas não acontecem somente entre cônjuges, como também entre pais e filhos, líderes e liderados, sócios e pares no trabalho.

Uma relação estável, portanto, seria marcada por vínculos saudáveis, maduros e com reciprocidade. E a falta de compreensão sobre as diferenças geracionais é um dos fatores que podem levar a esse desequilíbrio. No caso de pais e filhos, por exemplo, os dois grupos têm, obviamente, anos de nascimento bastante distantes entre si, o que por si só implica eles serem de gerações diferentes. Esse fato determina que eles terão uma infinidade de distinções entre si. É um erro um pai querer que um filho pense como ele, e vice-versa, apesar de ser uma atitude inerente à natureza humana, pois nós só vemos aquilo que está dentro de nós ou da nossa própria experiência de vida – o que Freud chamava de projeção.

Para sair desse dilema – que pode ser transportado para outras relações nas quais há diferenças geracionais, como as existentes no mercado de trabalho –, é necessário haver uma educação tanto dos mais velhos quanto dos mais novos: eles têm de saber lidar uns com os outros. Esse "saber lidar", contudo, só é possível atingir por meio do exercício empático e da compreensão das características intrínsecas das diferentes gerações.

Boomers

Os *boomers*, como já vimos, são os nascidos entre 1926 e 1945 e dificilmente ainda estarão na ativa. Mas, se estiverem, carregam em si as marcas da guerra, de uma época de escassez, e refletem as características comportamentais daquela época. O mundo passou vertiginosamente diante dos olhos deles, que possivelmente não acompanharam tanta mudança e tecnologia, mas que nutrem certa admiração e surpresa com a configuração social e tecnológica que temos hoje. Apesar de serem tradicionais e trazerem certa formalidade a que não estamos mais acostumados hoje, é uma geração extremamente resiliente, afinal, não é fácil ter de se levantar do zero. Podem ser ótimos conselheiros, portanto, é preciso que as demais gerações tenham paciência com eles e aproveitem suas histórias e experiências de vida como verdadeiros ensinamentos.

Baby boomers

Relembrando o que já estudamos, os filhos dos nascidos na guerra constituem a geração *baby boomer*, indo até 1964. Eles ainda carregam muito a bagagem de seus pais, mas estão inseridos em um novo contexto, que os faz sair da mentalidade de escassez produzida pela guerra. Agora, eles querem produzir, querem plantar para colher frutos e acumulá-los, pois não querem ter de viver na escassez como seus pais viveram. Por isso são conhecidos como a geração mais produtiva e competitiva. Como vivem para o trabalho, não se conformam com a filosofia de vida das gerações mais novas. É preciso aprender com eles como trabalhar com afinco, como ter objetivos bem determinados, mas eles também precisam aprender a como lidar com os mais novos, a dar feedbacks positivos, ter a sensibilidade de compreender que as demais gerações não aceitam esperar tanto quanto eles se propõem a esperar, a aceitar que todos querem palpitar, criticar e ser donos da sua própria trajetória.

Geração X

Como você já sabe, são os nascidos entre 1965 e 1983. Essa geração aprendeu que não precisa produzir exaustivamente para usufruir. Na vida pessoal, são os responsáveis pelo *boom* dos financiamentos, pois compram carros e casa própria para usufruir antes mesmo de ter o dinheiro. Na vida profissional, a principal marca é a mente empreendedora e são os responsáveis, portanto, por grande parte do número crescente de empreendedores no Brasil. Como são a geração pré-internet, veem as próximas gerações, que são nativos digitais ou que lidam com mais naturalidade com as tecnologias, como ameaça – e é preciso trabalhar para quebrar esse mecanismo interno. Eles precisam encarar não apenas a tecnologia como um recurso benéfico, como também as gerações mais novas como parceiras que sustentam e dão continuidade aos seus planos, afinal, a geração X é quem gerencia e comanda os mais novos.

Geração Y

Os nascidos entre 1984 e 1995 formam a geração imediatista, que aprendeu com a geração X que não é preciso acumular para usufruir, eles valorizam muito o bem-estar, entretanto, vão assimilar essa informação tornando-a mais impositiva e querendo ter e realizar tudo no aqui e agora. Fazem várias coisas ao mesmo tempo, mas não aguentam ficar muito tempo fazendo a mesma coisa. As atividades e os projetos precisam ter um fim. Então, quem os coordena deve ter o tato de alocá-los em trabalhos que começam e acabam, que sejam mais curtos ou que tenham fases, e sempre dar a eles feedbacks positivos. É uma geração movida pelo feedback da eficácia e do reforço positivo, que precisa criar vínculo e que ainda vai aprender fazendo, trabalhando, pois chegam aos negócios ainda errando muito. A liberdade de ir e vir, de trabalhar de maneira híbrida e com flexibilidade é importante para eles.

Geração Z

Já vimos que fazem parte da geração Z os chamados "nativos digitais", nascidos entre 1996 e 2014. Dentre as gerações, eles são os mais individualistas. São nômades, são livres: sem amarras e sem compromisso. E é preciso aprender a lidar com isso, saber como "prendê-los" pelo afeto, já que são desapegados. Eles querem tudo para ontem e precisam ser premiados por suas conquistas – mesmo que as gerações mais velhas entendam que tais conquistas sejam só parte da obrigação desse profissional.

É preciso, portanto, saber combinar o capital intelectual dos mais novos com o capital intelectual dos mais velhos para que as equipes e os membros sejam complementares. Os mais jovens tendem a trazer a tecnologia e as inovações do macrocontexto – desde novos aplicativos para o desenvolvimento empresarial até tendências e gostos da sociedade –, e os mais velhos tendem a se tornar modelos inspiracionais, ensinando aos mais novos a responsabilidade e a importância do trabalho deles.

Diversidade, equidade e inclusão

Mais do que um discurso que se mostra bonito e condizente com o tempo em que vivemos, diversidade, equidade e inclusão precisam existir na prática dentro dos negócios e acontecer, cada vez mais, de maneira natural.

Não basta ter representatividade, é preciso que a diversidade permeie todos os níveis e todas as áreas. E, para tanto, são necessárias políticas pensadas para esse fim aplicadas no dia a dia – principalmente neste momento de mudança de paradigma e de mentalidade de gestores e da empresa.

A pluralidade em uma empresa se dá pela diversidade de idades, raças, religiões, classes sociais, orientações sexuais, identidades de gênero, realidades familiares. Pesquisas recentes sobre diversidade e inclusão mostram que todos ganham quando a empresa abraça a ideia do pluralismo de maneira consciente e consistente.

Os benefícios da pluralidade

Um ambiente corporativo plural é mais ético, saudável, respeitoso e feliz. Desde aumentar o engajamento de consumidores e colaboradores até tomar decisões mais acertadas, gerando um resultado financeiro mais expressivo, tudo passa pela diversidade. Aqui apresentarei alguns dos pontos positivos dessa mudança não só no capital humano da empresa, mas também em como selecioná-lo e fomentá-lo.

Inovação e criatividade

Quanto mais perspectivas e vivências diferentes um time tiver, maior número de soluções distintas surgirá, pois suas experiências e seus repertórios são ampliados e combinados de maneiras menos triviais e mais abrangentes, fomentando inovação e criatividade.

Tomada de decisão

Não só as soluções encontradas costumam ser mais disruptivas, como as decisões tomadas tendem a ser mais bem ponderadas. Em uma empresa plural, uma decisão passará pela análise e crivo de pessoas com experiências, olhares e repertórios distintos, o que trará maior aprofundamento e robustez às decisões.

Desempenho financeiro

Um relatório da McKinsey & Company também mostrou que as empresas mais inclusivas e diversas têm 21% mais chances de ter retornos financeiros acima da média nacional.

Talentos

Quem não gostaria de trabalhar em uma empresa bacana? Principalmente as gerações mais jovens percebem o valor de estar em um ambiente plural. Então, os novos talentos não somente são atraídos por negócios assim, como também tendem a se manter por mais tempo em empresas com ambientes inclusivos, que conseguem despertar seu engajamento e afeto.

Reputação

Não apenas os colaboradores passam a valorizar a marca, mas também seus clientes e consumidores. Saber que, com sua compra, você, mesmo que indiretamente, fomenta a diversidade e a inclusão faz com que os clientes se tornem mais leais à sua marca. Criar tal vínculo é difícil e, por isso mesmo, muito almejado no novo normal: o famoso boca a boca, que espalha a boa reputação dos valores e a ética da empresa.

Os desafios da pluralidade

Um ambiente corporativo, porém, não se torna plural e inclusivo de um dia para o outro. Pode haver muitos entraves nesse caminho, como preconceito – seja ele às claras, velado ou estrutural –, despreparo de líderes, gestores e recrutadores, descompasso com a teoria – o que a empresa anuncia que fará – e a prática – aquilo que realmente acontece no dia a dia –, entre outros. Aqui listo alguns dos desafios para os quais você precisa se preparar para se tornar uma empresa do futuro diversa de verdade.

Promoção da diversidade

Não basta decidir que a empresa será plural, é preciso criar políticas específicas para que isso possa ocorrer. Em um primeiro momento, essas novas normas e ações podem ser um entrave, por serem novidades e forçarem a equipe a sair do automático. Mas a ideia é que, depois de algum tempo, essas políticas de promoção da diversidade se tornem algo natural e bem estabelecido na empresa. Aqui podem estar incluídos: mapeamento de quem são os colaboradores da empresa, para saber suas características, de que grupos fazem parte etc.; pesquisa para entender como os colaboradores se sentem na empresa e o que eles pensam dela pelo prisma da diversidade; capacitação de líderes e RH para que realizem os processos de seleção e contratação de modo mais inclusivo, entre outros.

Preconceito

É primordial combater qualquer modo de preconceito que possa haver na empresa. E esse é um desafio enorme, já que o preconceito é uma construção social, muitas vezes histórica, que nem sempre está escancarada, mas, sim, aparece de maneira sutil ou disfarçada de "boas intenções".

Para que haja um movimento consistente contra o preconceito, podem ser promovidas rodas de conversas e discussão sobre o tema; artigos, livros, documentários, filmes e séries podem ser sugeridos aos colaboradores, para que eles mergulhem no tema; um canal anônimo – e se possível externo – deve ser criado para que os profissionais possam denunciar casos de discriminação, preconceito e assédio.

Rotina e estrutura

Promover a inclusão implica, por vezes, alterar a estrutura física da empresa, para que colaboradores com deficiência física ou visual possam circular livremente e sem riscos pelas dependências. Pode também requerer mudanças na comunicação que costuma ser feita, para que as pessoas com deficiência auditiva e os estrangeiros consigam fazer parte do time, por exemplo. Neste item, a consultoria de profissionais especializados pode fazer com que as adaptações e mudanças sejam mais bem-sucedidas.

Aceitação e cultura da empresa

Para que a empresa abrace, de fato, o pluralismo, é preciso que os gestores e demais colaboradores percebam e entendam os benefícios de um ambiente mais diverso. A resistência de quem já faz parte da equipe precisa ser quebrada sem que essas pessoas se sintam ameaçadas. Colha feedbacks, peça sugestões, adote estratégias para tornar o ambiente favorável e amigável para quem já faz parte da empresa e para quem fará parte dela no futuro. Um dos trunfos é apostar na cultura do respeito às diferenças e, se for preciso, estabelecer e adotar um padrão de normas e comportamentos para alavancar isso.

Discurso

O que a empresa faz precisa caminhar lado a lado com o que ela comunica. E o que a empresa comunica precisa realmente condizer com o que ela faz. Analise e, se preciso, ajuste a mensagem que a empresa transmite aos colaboradores, aos clientes e consumidores e à mídia. Revisite anúncios, propagandas, comunicados, *releases*, publicação de vagas, relatórios, discursos e até mesmo as conversas do cafezinho no dia a dia.

Agora, basta conviver!

Este capítulo, apesar de ser fundamentado muito mais em uma postura de observação e de mudança atitudinal e comportamental na empresa – que vai desde a contratação até a vivência do dia a dia da empresa – do que em uma técnica, é extremamente necessário, uma vez que visa transformar a nossa mentalidade, muitas vezes, tão avessa às mudanças.

Você já deve ter percebido que algumas mudanças são mais facilmente absorvidas e implementadas que outras, e as mudanças interpessoais e sociais são as mais complicadas. Abraçar o que o outro pensa, como ele age ou o que demonstra, quando é diferente daquilo com o qual estamos familiarizados, pode despertar sentimentos confusos e recriminativos. Entretanto, ao conhecermos o motivo do que provoca essa resistência, somos mais suscetíveis às reações empáticas.

Identificar o que é diferente, conhecê-lo e usá-lo a favor da empresa e da sociedade converge para o paradoxo da hibridez: aproximamos o que o mundo tende distanciar e, ao fazermos isso, criamos novas relações e, consequentemente, as retenções desses relacionamentos, que são tão importantes para a saúde de empresas e pessoas.

Construindo o futuro na prática

Para saber se sua empresa é um espaço plural ou não, é interessante realizar um questionário para medir o índice de diversidade no ambiente. Aplique a pesquisa na empresa, recolha, organize e analise os resultados. Mas é importante não parar por aí e, com base nos achados da pesquisa, desenvolver ferramentas e programas para que não haja preconceitos, mesmo que velados, e que o seu ambiente corporativo seja, de fato, mais plural – de maneira consistente e permanente. Esse é o primeiro passo para um compromisso com uma mudança positiva que a empresa do futuro requer.

Pesquisa sobre pluralidade, representatividade e inclusão

Parte 1: Quem eu sou

1. Qual a sua identidade de gênero?
[ ] Mulher
[ ] Homem
[ ] Queer ou não binário
[ ] Agênero
[ ] Nenhum dos citados acima, favor especificar: _______________

2. Você se identifica como transgênero (ou outra identidade que não seja cisgênero)?
[ ] Sim
[ ] Não

3. Qual sua orientação sexual?
[ ] Assexual
[ ] Bissexual
[ ] Gay
[ ] Heterossexual
[ ] Lésbica
[ ] Pansexual
[ ] Queer
[ ] Nenhuma das citadas acima, favor especificar: _______________

4. Qual sua identidade racial ou cor? (De acordo com as categorias do IBGE.)
[ ] Preto
[ ] Pardo
[ ] Amarelo
[ ] Indígena
[ ] Branco

5. Você é uma pessoa com deficiência?
[ ] Sim
[ ] Não
Se sim, qual: ____________

6. Quantos anos você tem?
[ ]

7. Português é sua língua nativa?
[ ] Sim
[ ]Não

8. Que línguas você fala na sua casa?
[ ]

9. Você se identifica com alguma das seguintes religiões? (Assinale todas que se aplicam.)
[ ] Católica
[ ] Evangélica
[ ] Espírita
[ ] Umbanda
[ ] Candomblé
[ ] Judaica
[ ] Budista
[ ] Islâmica
[ ] Ateu
[ ] Sem religião
[ ] Nenhuma das citadas acima, favor especificar: ____________

10. Você é pai, mãe, tutor, cuidador ou responsável legal por alguma criança?
[ ] Sim
[ ] Não

11. Você é cuidador ou responsável legal por algum adulto?
[ ] Sim
[ ] Não

12. Qual seu nível educacional?
[ ]

13. Seu nível educacional é maior do que o dos seus pais?
[ ] Sim
[ ] Não

14. Você faz parte de programas de voluntariado?
[ ] Sim
[ ] Não
Se sim, qual: ______________

15. Em que cidade e região você mora?
[ ]

16. Quanto tempo você demora para chegar até o trabalho?
[ ]

17. Você vai ao trabalho com qual tipo de meio de transporte?
[ ] Carro próprio
[ ] Moto
[ ] Bicicleta
[ ] A pé
[ ] Carro de aplicativo
[ ] Ônibus
[ ] Metrô
[ ] Trem
[ ] Combinação de mais de um meio, qual?________________

18. Qual sua maneira de trabalho?
[ ] Presencial
[ ] Híbrido
[ ] Home office

Parte 2: O que eu penso

1. Há diversidade (gênero, orientação sexual, raça, geracional, condições físicas etc.) no quadro geral de colaboradores da empresa?
2. Há diversidade (gênero, orientação sexual, raça, geracional, condições físicas etc.) na liderança da empresa?
3. Há diversidade (gênero, orientação sexual, raça, geracional, condições físicas etc.) independentemente da área ou departamento da empresa?
4. Eu me sinto totalmente respeitado(a) por ser quem sou como ser humano?
5. A minha liderança consegue me acolher nas minhas particularidades?
6. Aqui é um ambiente seguro para que eu possa expressar minha essência e ser quem sou por inteiro?
7. Eu me sinto como parte pertencente, a despeito das minhas características pessoais?
8. A empresa tem políticas e práticas para a inclusão de colaboradores da comunidade LGBTQIA+?
9. A empresa tem políticas e práticas para a inclusão de colaboradores com deficiência?

10. A empresa tem políticas e práticas para a inclusão de colaboradores de diferentes etnias?
11. A empresa tem políticas e práticas para a inclusão de colaboradores de diferentes gêneros?
12. A empresa tem políticas e práticas para a inclusão de colaboradores de diferentes nacionalidades?
13. A empresa tem políticas e práticas claras de inclusão e diversidade?
14. Tenho a confiança de que qualquer comportamento discriminatório será devidamente investigado e punido?
15. Sei qual procedimento seguir caso eu presencie ou seja vítima de algum ato discriminatório?
16. Há um canal oficial de ouvidoria caso eu presencie ou seja vítima de algum ato discriminatório?
17. Sinto que tenho as mesmas oportunidades que as outras pessoas, e que minhas características como pessoa não são consideradas nas decisões?
18. Tenho confiança de que as minhas características pessoais não me impedirão de crescer na empresa?

Capítulo 8

Diretriz 6: Liderar e ser liderado

Mensagem a Garcia

Elbert Hubbard,[13] fevereiro de 1899

Em todo este caso cubano, um homem se destaca no horizonte de minha memória. Quando irrompeu a guerra entre a Espanha e os Estados Unidos, o que importava aos americanos era comunicar-se, rapidamente, com o chefe dos revoltosos – chamado Garcia –, que se encontrava em uma fortaleza desconhecida, no interior do sertão cubano. Era impossível um entendimento com ele pelo correio ou pelo telégrafo. No entanto, o presidente precisava de sua colaboração, e isso o quanto antes.

O que fazer? Alguém lembrou: "Há um homem chamado Rowan... E se alguém é capaz de encontrar Garcia, essa pessoa é Rowan".

Rowan foi trazido à presença do presidente, que lhe confiou uma carta com a incumbência de entregá-la a Garcia. Não vem ao caso narrar aqui como esse homem tomou a carta, guardou-a em um invólucro impermeável, amarrou-a ao peito e, após quatro dias, saltou de um pequeno barco, alta noite, na costa de Cuba; ou como se embrenhou no sertão para, depois de três semanas, surgir do outro lado da ilha, tendo atravessado a pé um país hostil e entregado a carta a Garcia.

O ponto que desejo frisar é este: MacKinley deu a Rowan uma carta destinada a Garcia; Rowan tomou-a e nem sequer perguntou: "Onde é que ele está?".

---

13 Elbert Hubbard foi um famoso filósofo e escritor norte-americano. Ficou muito conhecido por, entre outras obras, ter escrito *A Message to Garcia*, que já foi traduzida para cerca de quarenta línguas. Texto em tradução livre.

Eis aí um homem cujo busto merecia ser fundido em bronze e sua estátua colocada em cada escola. Não é só de sabedoria que a juventude precisa... Nem de instruções sobre isto ou aquilo. Precisa, sim, de um endurecimento das vértebras para poder mostrar-se altiva no exercício de um cargo; para atuar com diligência; para dar conta do recado; para, em suma, levar uma mensagem a Garcia.

O General Garcia já não é deste mundo, mas há outros "Garcias". A nenhum homem que se tenha empenhado em levar adiante uma tarefa em que a ajuda de muitos se torne necessária têm sido poupados momentos de verdadeiro desespero ante à **passividade** de várias pessoas e ante à inabilidade ou falta de disposição de concentrar a mente em determinada tarefa... e fazê-la. A regra geral é: assistência regular, desatenção tola, indiferença irritante e trabalho malfeito.

Ninguém pode ser verdadeiramente bem-sucedido, exceto se lançar mão de todos os meios ao seu alcance, para obrigar outras pessoas a ajudá-lo, a não ser que Deus Onipotente, na sua grande misericórdia, faça um milagre enviando-lhe, como auxiliar, um anjo de luz.

Leitor amigo, você mesmo pode tirar a prova. Você está sentado no seu escritório, rodeado de meia dúzia de empregados. Pois bem, chame um deles e lhe peça: "Queira ter a bondade de consultar a enciclopédia e de fazer a descrição resumida da vida de Corrégio".

Será o caso de o empregado dizer, calmamente: "Sim, senhor" e executar o que lhe pediu?

Nada disso! Ele olhará admirado para você e fará uma ou algumas das seguintes perguntas: "Quem é Corrégio? Que enciclopédia? Onde está a enciclopédia? Fui contratado para fazer isso? E se Carlos o fizesse? Esse sujeito já morreu? Precisa disso com urgência? Não seria melhor eu trazer o livro para o senhor procurar? Para que quer saber isso?".

Eu aposto dez contra um que, depois de responder a tais perguntas, ter explicado a maneira de procurar os dados pedidos e a razão por que precisa deles, seu empregado pedirá a um companheiro que o ajude a encontrar Corrégio e depois voltará para lhe dizer que o tal homem nunca existiu.

Evidentemente pode ser que eu perca a aposta, mas, seguindo uma regra geral, jogo na certa. Ora, se você for prudente, não se dará ao trabalho de explicar ao seu "ajudante" que Corrégio se escreve com C e não com K, mas se limitará a dizer calmamente, esboçando seu melhor sorriso: "Não faz mal... Não se incomode".

É essa dificuldade de atuar independentemente, essa fraqueza de vontade, essa falta de disposição de, solicitamente, se pôr em campo e agir, é isso o que impede o avanço da humanidade, fazendo-a recuar para um futuro bastante remoto. Se os homens não tomam a iniciativa de agir em seu próprio proveito, que farão se o resultado de seu esforço implicar benefício de todos? Por enquanto parece que os homens ainda precisam ser dirigidos.

O que mantém muitos empregados no seu posto e os faz trabalhar é o medo de, se não o fizerem, serem despedidos ou transferidos no fim do mês.

Anuncia-se precisar de um taquígrafo e nove entre dez candidatos à vaga não saberão ortografia nem pontuação, e – o que é pior – pensam não ser necessário sabê-lo.

"Olhe aquele funcionário", dizia o chefe de uma grande fábrica. É um excelente funcionário. Contudo, se eu lhe perguntasse por que seu trabalho é necessário ou por que é feito dessa maneira e não de outra, ele seria incapaz de me responder. Nunca deve ter pensado nisso. Faz apenas aquilo que lhe ensinaram, há mais de três anos, e nem um pouco a mais.

Será possível confiar a tal homem uma carta para entregá-la a Garcia?

Conheço um homem de aptidões realmente brilhantes, mas sem a fibra necessária para dirigir um negócio próprio e que ainda se torna completamente nulo para qualquer outra pessoa pela suspeita que constantemente abriga de que seu patrão o esteja oprimindo ou tencione oprimi-lo. Sem poder mandar, não tolera que alguém lhe mande. Se lhe fosse confiada a mensagem a Garcia, retrucaria, provavelmente: "Leve-a você mesmo!".

Hoje, esse homem perambula errante pelas ruas em busca de trabalho, em estado quase de miséria. No entanto, ninguém se aventura a dar-lhe trabalho porque é uma personificação do descontentamento e do espírito da discórdia. Não aceitando qualquer conselho ou advertência, a única coisa capaz de nele produzir algum efeito seria um bom pontapé dado com a ponta de uma bota 44, sola grossa e bico largo.

Pautemos nossa conduta por aqueles homens, dirigente ou dirigido, que realmente se esforçam por realizar o seu trabalho. Aqueles cujos cabelos ficam mais cedo envelhecidos na incessante luta que estão desempenhando contra a indiferença e a ingratidão, justamente aqueles que, sem o seu espírito empreendedor, andariam famintos e sem lar.

Estarei pintando o quadro com cores por demais escuras?

Não há excelência na nobreza de si mesmo; farrapos não servem de recomendação. Nem todos os ricos são gananciosos e tiranos, da mesma maneira que nem todos os pobres são virtuosos.

Todas as minhas simpatias pertencem ao homem que trabalha, fazendo o que deve ser feito, melhorando o que pode ser melhorado, ajudando sem exigir ajuda. É o homem que, ao lhe ser confiada uma carta para Garcia, toma a missiva e, sem a intenção de jogá-la na primeira sarjeta, entrega-a ao destinatário. Esse homem nunca ficará "encostado" nem pedirá que lhe façam favores.

A civilização busca ansiosa e insistentemente homens nessa condição. Tudo que tal homem pedir, há de lhe ser concedido. Precisa-se dele em cada vila, em cada lugarejo, em cada escritório, em cada oficina, em cada loja, fábrica ou venda. O grito do mundo inteiro praticamente se resume nisso: "Precisa-se, e precisa-se com urgência, de um homem capaz de levar uma mensagem a Garcia".

O FUTURO SABE LIDERAR

Como incutir a liderança na equipe

Durante todo o livro você deve ter percebido quanto o cuidado com os limites do outro, quanto a personalidade do outro e a vida extratrabalho foram levados em conta para o desenvolvimento e a aplicação das diretrizes. Mas e a psicologia do líder? Como ela fica? Como ela é e como deve se tornar para reter seus colaboradores e ser à frente de seu tempo?

Nesta diretriz, falarei da infância, das angústias dos líderes e da afetividade, e apresentarei a importância de transformar a velha liderança que lidera a equipe, de fora do grupo ou de cima da hierarquia, para se configurar uma liderança que lidera com a equipe, incutindo o espírito de liderança em cada um dos membros do time e despertando o líder que há neles. Assim, além de equipes mais autônomas e do sentimento de dono, você desenvolverá mais conexão com o (e no) time e conseguirá evitar os principais desgastes interpessoais.

A psicologia da infância e as angústias dos líderes adultos

Muitos não levam em conta a influência da primeira infância – 0 a 2 anos – e da segunda infância – 3 a 7 anos – na psicologia da pessoa adulta. Essas primeiras vivências que a experiência materna, paterna e dos primeiros círculos sociais proporciona à criança têm consequências diretas na maneira como agimos, nos relacionamos e gerimos as nossas empresas. Conhecer como essa saúde psíquica se constituiu é essencial para entender como evitar os chamados "pensamentos obsessivos" que nos acometem em momentos de crise e nos impedem, muitas vezes, de tomar as melhores decisões para o negócio ou para a vida pessoal.

Neste capítulo, portanto, vamos tratar do fortalecimento e do autoconhecimento do líder para que a sua saúde psíquica evolua e tenhas bons reflexos no ambiente de trabalho, traçando um caminho do desenvolvimento intrapessoal até o interpessoal.

Estados de ego

Todos nós temos uma área transicional (AT) na qual variam os nossos três estados de ego: a criança, o adulto e o pai, que traduzem como lidamos com o nosso estado consciente. Cada um desses três estados tem características próprias que devem ser funcionalizadas para que sejamos pessoas com certo controle das emoções, da racionalidade e das situações ao lidar com o outro e, principalmente, com nós mesmos.

Os três estados são diretamente influenciados por quatro características da criação materna e paterna: a rejeição, a aceitação, o alto controle e o baixo controle. Esses quatro traços serão determinantes para a funcionalização das transformações que ocorrem na área transacional. Quanto mais forte temos um desses traços, mais ele será determinante na nossa relação com o outro e com nós mesmos. Vamos entender, portanto, como cada um desses três estados funciona.

Criança

A criança é o estado essencialmente emotivo, que inibe o estado racional da ação. Então, em todos os momentos em que surgem aquelas alterações de humor, a sensação de rejeição, de agressividade, o alto nível de desejo, entre outros momentos em que a racionalidade não se impõe, é a criança interior que está dominando. Entretanto, isso não significa que ela deva ser silenciada. Para que a criança possa se manifestar, é necessário que haja um espaço-tempo livre onde ela possa liberar esse desejo e ser funcionalizada, ou seja, usada positivamente. Um empresário funcional será aquele que manifesta a criança emocionada em momentos livres em que seja permitida a evasão da emoção, mas, no trabalho, durante a negociação ou em interações corporativas, o empresário deve manifestar o adulto.

Adulto

O adulto, portanto, representa o estado racional, sem emoção alguma ou orientação por desejo. Ele é o principal responsável pelas funções executivas da pessoa e por fazer "aquilo que precisa ser feito". Um empresário funcional é aquele que tem o estado adulto dominante no seu dia a dia. O funcionamento da AT em um ambiente de negócios pede essencialmente a presença do estado adulto controlando os processos.

Pai

Por último, o estado de pai está diretamente relacionado ao controle de determinadas situações. Quando é necessário implementar novas regras ou novas diretrizes, o estado pai é o que deve controlar o estado consciente. Se um indivíduo está em uma situação de controle e esse *modus* está dominante, o indivíduo está funcional. Mas o controle não deve estar presente em todas as situações, pois torna o adulto alguém disfuncional.

Muitos donos de negócio não sabem transitar entre essas três áreas e acabam dando voz excessiva ora à criança, ora ao adulto, ora ao pai. Quando isso acontece, existem certos ecos decorrentes da maternagem e da paternagem que sabotam o comportamento do indivíduo, retomando determinadas emoções ou os chamados pensamentos intrusivos já citados. O foco aqui será, portanto, identificar como esses ecos acontecem e como neutralizá-los para que a área adulta seja predominante e a gestão, mais efetiva.

Tipos de maternagem

A figura materna, na Psicologia, está diretamente relacionada à autoconfiança e à segurança do acolhimento do ser adulto. Vamos, então, nos aprofundar nos tipos de mães e entender como elas podem estabelecer certas tendências na gestão do líder ou do dono do negócio. Antes de tudo, é essencial esclarecer que todos nós temos os quatro tipos de maternagem presentes no inconsciente, mas um deles é preponderante, perceptível e, portanto, passível de neutralização para que deixe de atrapalhar o desenvolvimento da gestão do negócio.

Para iniciarmos esse aprofundamento, vale ressaltar que essas associações da criança, que resultarão nas tendências comportamentais dela no futuro, são constituídas durante a formação do primeiro inconsciente, quando a criança começa a significar e a sentir como se constituem as relações e a estabelecer alguns parâmetros de acordo com o que ela vive, sente e observa.

Maternagem de alto controle

As mães que exerceram muito controle sobre seus filhos criam pessoas que querem escapar de qualquer maneira desse controle, exigindo de si uma iniciativa desenfreada. Esses adultos crescem e se tornam líderes que não sabem planejar, apenas fazem e cumprem tarefas sem ter um direcionamento ou um plano de ação.

Para resolver esse ponto de atenção, é recomendado que essas pessoas criem planejamento de curto prazo trimestralmente. Isso traz a manutenção da iniciativa dentro da operação, inibindo o desejo do escape desse cérebro que tende a ser indolente.

Maternagem de baixo controle

Quem recebeu uma maternagem que não prezava o controle não sabe reconhecer os limites do que pode ou não fazer dentro da empresa. Serão líderes que não sabem construir método e processo, causando uma grande bagunça dentro das cadeiras produtivas. Consequentemente, esses líderes tendem a ficar desestabilizados quando os responsáveis de determinadas áreas-chave da empresa vão embora, pois eles não conseguem reestabelecer os procedimentos organizados dentro do setor.

Para solucionar essa questão, esse líder precisa entender que o que é prioridade para ele não será sempre uma prioridade para a empresa. São pessoas que vão precisar abrir mão das necessidades e do tempo pessoais, para aprender a suprir em primeiro lugar as necessidades da empresa, construindo processos que levem em conta essa questão fundamental.

Maternagem de alta rejeição

As mães que muito rejeitaram seus filhos serão mães de adultos com grandes entraves para a resolução de problemas. Esses líderes, quando se deparam com conflitos ou adversidades que precisem de um claro posicionamento, tendem a ficar quase que entorpecidos e a regredir a idade mental para tomar certa decisão. Em resoluções de contratempos em grupo, o sentimento de menos valia o toma por completo e ele não consegue dar quaisquer contribuições. Isso acontece porque questões básicas do início da vida não foram resolvidas e a figura materna não estava lá para transmitir segurança.

Esses indivíduos vão precisar de mentores, consultores especialistas, psicoterapeutas ou quaisquer pessoas de referência que estejam dispostas a acolhê-los e passar segurança. Essa atitude vai pedir que essa pessoa se posicione na busca de segurança e consiga tomar decisões apoiada por aqueles que a acolhem, impedindo que se isole de contextos importantes.

Maternagem de alta aceitação

Quando o indivíduo teve uma mãe de alta aceitação, ele tende a ser tornar alguém que precisa de muito aplauso, mas, em contrapartida, ele tem a extrema dificuldade de ouvir a opinião dos outros. Pessoas que cresceram com muito reforço positivo de figuras femininas têm a necessidade de brilhar e, por isso, têm dificuldade de entregar o brilho a outros colaboradores e de aceitar a ideia de terceiros. Muitas vezes, quando líder, esse adulto toma para si o que foi de elaboração e responsabilidade do outro, fragilizando toda a equipe, pois isso toma proporções maiores no momento do feedback, que tende a ser negativo pela dificuldade de reforçar positivamente o que um terceiro fez.

Esse indivíduo, portanto, precisa aprender a reforçar pessoas, reconhecer desempenho e dar feedbacks positivos para reter colaboradores e criar equipes de alta performance. Todos nós precisamos de reforço narcísico, e esse líder precisa aprender a fazer isso.

Tipos de paternagem

Os pais ou as figuras ligadas à função paterna exercem influência direta na mente estratégica da pessoa adulta. Cada tipo de criação, tanto materna quanto paterna, vai determinar algumas vicissitudes – o que há de melhor e de pior em um indivíduo. É preciso entender como essas características se apresentam para que você saiba o *locus* onde deve alocar sua energia e melhorar suas estratégias nos negócios.

Paternagem de alto controle

Quando a figura paterna exerce muito controle durante a primeira e a segunda infância, a consequência futura será a baixa iniciativa do indivíduo adulto. Pode ser que essa pessoa intua o que precisa fazer e entenda que o momento da mudança chegou, mas não consegue dar o primeiro passo, ter autonomia para sair da inércia. Muitas vezes, vai precisar de um tutor que a ajude e lhe dê confiança para que o primeiro passo seja dado.

Outra ação imprescindível para adultos que tiveram figuras paternas de alto controle é montar um plano de ação (PA) que consiga retirá-los da posição de espera. Esse plano, inicialmente, não necessita ser algo demasiadamente elaborado, mas precisa ter força para fazer o indivíduo se movimentar e, para isso, deve estar sempre relacionado a um índice do comando (IC) – isto é, o direcionamento da ação escrito em uma frase com 140 caracteres e, no mínimo, três verbos de ação. Quando se estabelece um PA relacionado a um IC, você tem a garantia do direcionamento assertivo, sabendo que o PA pode ser adaptado a qualquer momento, dependendo da necessidade do contexto, desde que trabalhe junto ao IC. Ou seja, é preciso que esse adulto tenha planos simples, mas com um IC complexo.

Paternagem de baixo controle

Ao contrário do anterior, a paternagem de baixo controle resultará um adulto com muitas iniciativas. Mas isso gera nos indivíduos falta de foco e imprime gasto de energia com inserções no negócio de mais coisas do que deveria e com a mudança rotineira e frequente dos PAs. É de conhecimento comum que quem tenta fazer tudo não consegue ter foco para fazer tudo com excelência. Como consequência, esse indivíduo tende a alterar planos e ICs muito facilmente.

Para solucionar essa falta de objetividade, o IC precisa ser monitorado de modo constante para continuar o mesmo, sem ganhar flexibilidade demasiada e sem ser mudado de acordo com as novidades que o líder vive. Já os PAs devem ser, no máximo, três, para que esse indivíduo esteja preocupado em atingi-los e não em apenas fazer coisas, como sua natureza tenderia.

Paternagem de alta rejeição

Nesse caso, o indivíduo cresce com elevado índice de insegurança interna por conta do alto grau de rejeição. Isso vai gerar a falta de convicção no momento de tomada de decisão, fazendo com que esse adulto prorrogue questões importantes e emergenciais da vida profissional e pessoal. A tendência dele será sempre buscar ouvir o que outras pessoas pensam e o que elas escolheriam. Por si só, isso não caracterizaria um problema, mas o que acaba penalizando essa atitude é o excesso, pois essa pessoa vai sempre buscar muitas opiniões e tender a ficar em cima do muro, abraçando suas próprias ambivalências.

Nesse caso, recomenda-se que esse indivíduo busque apenas três referências: o cônjuge, alguém que melhor conheça o contexto e um coringa (mentor, psicoterapeuta ou especialista), para, com base nessas opiniões, tomar sua própria decisão.

Paternagem de alta aceitação

O que decorre desse tipo de criação é um indivíduo sem modelo próprio. As condições que ele teve para viver o seu potencial ficaram muito atreladas ao reforço positivo paterno, resultando pessoas muito aplaudidas que tendem a fazer o que querem, sem filtros. Geralmente, esses indivíduos não conseguem se apoiar em suas três forças principais, pois sempre querem ser bons em tudo a que se propõem, e, quando isso acontece, eles tendem a ser muito centralizadores, porque acreditam que apenas eles farão com excelência.

Um direcionamento aqui é dedicar-se às suas principais competências e não buscar incessantemente novos focos de atenção, centralizando todas as operações da empresa em si mesmo. Esse tipo de líder precisa treinar pessoas que estejam no lugar certo e que sejam muito boas naquilo que é complementar a ele, ou seja, precisa aprender a formar equipes multidisciplinares, não com habilidades que já desempenhe, mas com outras que ele não conheça.

Esses sentimentos e comportamentos causados pelos tipos de maternagem e paternagem serão as crianças interiores de cada um de nós, que toma voz em momentos que precisam da nossa presença na AT adulta para que a resolução de conflitos, o estabelecimento de processos, a criação de equipe e uma série de funções executivas sejam feitos com racionalidade.

Quando você tem a percepção do que deve ser trabalhado e busca resolver esses impasses dentro de si mesmo, você consegue transacionar melhor entre a área do eu e do outro, solucionando questões essenciais dentro da empresa, como os conflitos de qualquer natureza, o duplo comando, a síndrome ioiô, entre outros pontos de atenção. Mas perceba que a transformação começa dentro do campo intrapessoal, para depois avançar para o interpessoal – e é sobre a relação entre as pessoas que vamos adentrar agora.

Os tipos psicológicos do líder

Já sabemos que a criação é capaz de estimular ou reprimir as características psicológicas herdadas biologicamente. Sendo assim, os líderes, quando estão em dia com a saúde mental, têm características inatas que devem ser conhecidas para, consequentemente, serem mais bem desenvolvidas. No Capítulo 3, Diretriz 1: Contratar, você conheceu o quadrante com as principais características de cada tipo psicológico; vale ressaltar aqui que aqueles traços também são válidos para os líderes de cada tipo.

Os líderes ainda podem ser identificados pelos seguintes perfis de acordo com seu tipo psicológico:

ISTJ O Inspetor	**ISFJ** O Protetor	**INFJ** O Conselheiro	**INTJ** O Organizador
ISTP O Virtuoso	**ISFP** O Compositor	**INFP** O Curador	**INTP** O Arquiteto
ESTP O Promotor	**ESFP** O Performático	**ENFP** O Campeão	**ENTP** O Inventor
ESTJ O Supervisor	**ESFJ** O Provedor	**ENFJ** O Professor	**ENTJ** O Comandante

Além disso, há combinações de letras dentro dos 16 tipos que favorecem certos temperamentos nas lideranças:

SJ	Responsabilidade e lealdade
SP	Agilidade mental e bom senso
NF	Inspiração e enfoque pessoal
NT	Engenhosidade e lógica

Essa é a natureza de cada tipologia, mas, é claro, as questões da maternagem e da paternagem influenciam diretamente na manifestação das características dos líderes. Além disso, há o trabalho de desenvolvimento de competências para nos tornarmos líderes melhores ou treinarmos líderes mais preparados. São as chamadas dimensões interpessoais da liderança.

As dimensões interpessoais da liderança

Atualmente, a dimensão do próprio conceito de liderança foi extrapolada. Para você, o que é ser um líder? É o mesmo que ser o dono do negócio? É dar instruções e garantir que a meta seja atingida? Claro que tudo isso é intrínseco à liderança, mas o foco dela é outro: o desenvolvimento de pessoas orientadas para resultados.

Agora, que já entendemos como localizar algumas dores para evitar certas autossabotagens e não deixar que interfiram no desenvolvimento da empresa, precisamos compreender quais são os parâmetros da liderança aos quais devemos sempre ficar atentos para garantir que essa função não seja apenas intuitiva.

Para isso, existem três grandes pilares que estabelecem o tripé da liderança: a comunicação, a liderança em si e a participação. Vamos entender cada um dos pontos e destrinchar suas principais características.

A comunicação

Comunicação efetiva

O ponto de partida para a comunicação efetiva serão três gatilhos mentais: a **concretude**, a **simplicidade** e a **amarração conclusiva**. Esses três pontos podem ser traduzidos em um conceito que reverencio muito: a assertividade, que não está relacionada ao ato de fazer corretamente algo, mas à capacidade de ser afirmativo e transmitir segurança, firmeza e atitude nas palavras, no pedido e na certificação de que a pessoa entende o que deve ser feito ou mudado.

Você nota, por exemplo, que um colaborador tem chegado atrasado com certa frequência. Para sanar isso, você não precisa fazer uma reunião e alertá-lo dos prejuízos que isso causa à equipe. Esse tipo de atitude demanda certa energia de ambos os lados, pois o momento de espera até a reunião pode ativar o circuito da ameaça, tensionando a relação. Então, nesse caso, seja objetivo e diga: "Você tem chegado muito atrasado, mas preciso que chegue no horário, tudo bem? Tem algo em que eu possa ajudá-lo?". Todo momento é o momento ideal para esse tipo de abordagem.

Quando esses pedidos ficam mais extensos e abrangem mais questões, o líder precisa primeiro escrever os tópicos-chave, para depois comunicar. Para líderes extrovertidos, essa atitude canaliza as energias e direciona a mensagem para aquilo que realmente importa, sem abrir espaço para a prolixidade. Já para os líderes introvertidos, essa atitude encoraja a mente e trabalha a segurança e a eloquência daquilo que precisa ser dito.

Escuta ativa

Muitas vezes, o "saber ouvir" parece uma competência muito simples, mas tenho certeza de que você já passou por alguma situação em que ouviu algo que o deixou aflito, nervoso ou fora da casinha, e não se segurou, intervindo na fala de outrem. Esse impulso inicial não é o que um líder do futuro faria.

Ainda há um senso comum de que o "saber ouvir" é uma atitude passiva, mas existe uma postura extremamente ativa que envolve essa posição. Imagine se os seus colaboradores não conseguissem ouvi-lo, como saberiam o que precisa ser feito abrindo mão dessa comunicação? Eles se esforçam para ouvi-lo atentamente o tempo inteiro e você também precisa saber ouvi-los!

Para isso, o primeiro passo será **discriminar** as informações. Ao ouvir a demanda que está sendo transposta a você, confirme aquilo que foi dito com as suas próprias palavras. Exatamente como aquelas pessoas que sempre repetem o que diz uma pessoa de referência, um professor, por exemplo, mas sempre sem quaisquer interpretações pessoais sobre o que está sendo passado.

Após discriminar, você vai **clarificar** o que precisar fazer com as informações que recebeu. Em vez de separar em caixinhas, agora, você vai confirmar se é isso mesmo que você precisa fazer com a demanda que recebeu, ponto por ponto.

Outra questão crucial do "saber ouvir" é ter em mente que, muitas vezes, você terá de ser um reservatório para que a água do outro seja despejada. No dia a dia, é natural que as pessoas se estressem e que haja conflito dentro do ambiente corporativo, e a pessoa escolhida para resolver essas situações será sempre o líder, a persona de referência da equipe. Então, quando algum colaborador decidir despejar o copo cheio de estresse dele em você, permita que derrame tudo o que guarda por completo, que diga tudo o que está pensando e sentindo com a ocorrência, só assim ele conseguirá se ouvir, encontrar saídas para o que aconteceu e ouvir o seu feedback – feito de acordo com a técnica do OPSP aprendida no Capítulo 6, Diretriz 4: Motivar e recompensar.

Metadiscurso

Já conseguimos explorar os possíveis caminhos para que o feedback seja eficaz. Entretanto, há devolutivas que precisam ser feitas na correria do dia a dia, ou demandas que precisam atravessar outras surgem de repente. Nós, donos de negócio, conhecemos muito bem essa realidade.

Então, nesses momentos em que a agilidade é o ponto-chave, o **metadiscurso** será fundamental para a transmissão de comandos e feedback.

Para começarmos a entendê-lo, precisamos delimitar um contorno entre justificativa e metadiscurso. Por exemplo, imagine que você pediu a um colaborador um determinado relatório, mas ele acabou atrasando muito essa entrega e, consequentemente, todos os seus compromissos que dependiam desse material. Você decide comunicá-lo disso: "Arthur, o atraso na entrega do relatório atrasou todo o meu cronograma, se você não tivesse ficado conversando com o Lucas, isso já estaria na minha mesa". Perceba que, nesse caso, uma justificativa foi tirada da cartola e isso não vai fazer com que a resistência do seu colaborador diminua, na verdade, ela até pode aumentar, visto que você está passando todo o peso do seu cronograma a ele.

O foco do metadiscurso será, portanto, a diminuição da resistência do colaborador e servirá como uma técnica capaz de baixar os muros de defesa da muralha psicológica de quem precisa ouvi-lo. Seguindo o mesmo exemplo do atraso, a comunicação poderia ter sido: "Arthur, a entrega do relatório foi atrasada, mas ontem seu supervisor teve de ir almoçar fora da empresa e acabou se alongando bastante por precisar resolver algumas demandas da família também. Da próxima vez, para o relatório ser entregue no tempo certo, vou pedir ao supervisor que fique na empresa caso você precise de ajuda, combinado?".

Perceba que foi preciso fazer com que ele entenda qual foi realmente o problema, com que ele visualize uma cena e compreenda que isso não vai mais acontecer porque uma solução já foi encontrada. Ao utilizar essa técnica, você comunica pontualmente o que não pode mais acontecer, por exemplo, mas também descreve o que você precisa que seja feito, transmitindo as imagens e formando a visualização de realização das tarefas da sua cabeça para a cabeça do seu colaborador, como uma extração exata, trabalhando a capacidade de imageamento.

Quando usamos essa técnica, reduzimos um problema chamado "síndrome ioiô", o famoso vai e volta de trabalho e refação dentro dos processos produtivos da empresa. Quando os comandos são precisos e você diz exatamente aquilo de que precisa, com os detalhes da sua expectativa, reduz a chance de perder tempo refazendo você mesmo a tarefa, por exemplo.

Persuasão

Em uma comunicação corporativa, o ponto-chave da persuasão serão os **números**. Imagine que a empresa teve uma queda no batimento de meta das vendas. Para impedir que isso continue, você reúne a equipe e diz: "Olha, nossas metas não estão sendo atingidas. No mês passado, vendemos 12% abaixo do esperado, e este mês vendemos 14% abaixo das metas. Ou seja, já estamos 26% atrasados até este momento. Para atingirmos a meta, vendendo esses 26% a mais, temos apenas quinze dias".

Toda vez que usamos os números, triplicamos a capacidade de persuasão. Isso pode ser feito individualmente, quando você precisa comunicar a necessidade de urgência de batimento de meta, de agilidade da produção, de fechamento do dia, ou em qualquer situação dessa mesma natureza. Mas, quando essa comunicação precisa ser feita em grupo, assim como vimos no exemplo, um grande aliado da comunicação persuasiva será a apresentação gráfica em cores para estimular equipes.

Outra técnica persuasiva é um nome que está em alta, mas muitos ainda não sabem como usá-lo fora das redes sociais: o *storytelling*. Existem algumas maneiras de criar "contações de histórias" dentro do contexto corporativo, mas, qualquer que seja a técnica, é essencial que ela tenha **impacto** – cause uma surpresa – e que tenha uma **ponte** – como um líquido capaz de unir todo o conteúdo e solidificá-lo.

A primeira maneira de usar o *storytelling* é por meio de um filme curto ou imagens que estabeleçam uma conversa ou uma metáfora com o contexto corporativo. Ou seja, você mostra a colaboradores ou equipes uma história de superação capaz de inspirá-los. Ao usar um trecho de um filme, um curta-metragem ou uma imagem, você apresenta uma história completamente diferente do que acontece no ambiente corporativo, mas é essencial que a mensagem principal, aquela que você precisa que seja entendida dentro do seu contexto, esteja presente no material exibido e que você comunique verbalmente os pontos em comum do elemento surpresa do contexto, para estabelecer a ponte.

A segunda maneira de usar o *storytelling* é a literal contação de histórias, que podem ser bíblicas, populares, contos de fada, anedotas, trocadilhos, entre outras possibilidades que façam as pessoas imaginar a narrativa. Um bom exemplo disso é a abertura de cada capítulo deste livro, em que eu apresento narrativas diretamente relacionadas ao conteúdo e, em seguida, comunico todo o conhecimento que me propus a passar a você, estabelecendo uma ponte.

A terceira maneira de usar o *storytelling* é por meio de jogos e dinâmicas em grupo em que, ao final, se estabelece uma analogia com o contexto corporativo. Nesse caso, você pode, por exemplo, jogar uma partida de truco com os colaboradores e dizer ao fim: "Só aquele que garante a primeira jogada é quem tem massa de manobra para perder a segunda. Então, garantam as vendas da primeira semana, e na segunda a gente conversa mais uma vez".

A quarta e última maneira de usar o *storytelling* que veremos aqui é a chamada autorrevelação, em que eu conto uma história da minha vida e todas as impressões que tive, tudo o que senti e observei naquele momento, para transpor essas sensações a quem me ouve e ligá-las com o que realmente me importa. Nesse caso, o importante não será o fim da sua vivência, mas todo o processo que você vivenciou e, principalmente, como transmitiu com clareza de detalhes o que antecedeu a situação e como ela transcorreu.

Sempre que se usa o *storytelling* como técnica de persuasão, a chance de convencimento será seis vezes maior do que apenas comunicar o que você precisa, sem nenhuma técnica. Existem outras possibilidades de desenvolver essa técnica, mas essas são as mais descomplicadas de se usar no dia a dia da empresa.

A liderança

Liderança efetiva

Direcionamento e convicção. Essas são as duas palavras que definem a liderança efetiva. E, para que você consiga entender como desenvolver ou fortificar essa competência, vou contar uma história que vivi.

No final da minha adolescência, fui morar na Itália para começar a iniciação nos votos de obediência, castidade e pobreza para jovens que pretendem se consagrar a Deus. Durante essa iniciação, no período de Páscoa, o Papa fez um encontro ecumênico no Vaticano em que pediu que todas as igrejas que partilhassem do mesmo dogma indicassem um jovem para fazer o serviço de comunhão na missa de Páscoa.

Eu, então, fui o convidado da minha comunidade, mas não me avisaram que teria um treinamento para essa missa e, na verdade, só me escolheram porque eles já haviam perdido a data e precisavam de alguém que soubesse se virar.

Chegou o domingo da missa na Praça de São Pedro e os outros jovens formaram uma fila para começar a missa. Eu, como não tinha o treinamento, fiquei por último para observar como eles se comportavam e o que faziam, para copiá-los. Então, percebi que eles pegavam uma haste, uma bandeira, prendiam os dois utensílios, cumprimentavam um dos padres que estava no altar e caminhavam com ele até lugares possivelmente demarcados, mas espalhados, de modo geral, pela praça São Pedro. Quando peguei o meu equipamento e cumprimentei o padre, comecei a andar até chegar à praça e o padre me seguia. Eu olhei lá para trás e percebi que lá não havia bandeirinha de ninguém, então, ali deveria ter um monte de fiéis que não conseguiriam comungar, por conta da distância. Em determinado momento, o padre começou a me puxar dizendo que já tínhamos andado muito, mas eu, mesmo sem ter certeza, continuei andando e indicando que era mais à frente. Quando chegamos ao local que eu achava que era o correto, o padre começou a dar comunhão, e, mesmo com a missa acabada, a fila dos fiéis estava enorme. Ele me olhava e eu sempre dizia para continuar mesmo sabendo que todos os outros jovens do serviço de comunhão já haviam saído.

Eu não sabia ao certo o que estava fazendo, mas sabia que eu era o líder daquele padre e ele me seguiu até o fim por conta da minha convicção, que mantive até o final mesmo com certa repressão do padre.

O líder, portanto, é a pessoa que não pode titubear. Ele pode não ter a absoluta certeza de que está no caminho certo, mas ele precisa seguir seus instintos, saber adaptar os processos e liderar de maneira convicta. Quando isso acontece, as pessoas que estão em volta sentem quem é a pessoa que ocupa o papel do líder por conta da mensagem que ela transmite por meio de atitudes e comportamentos, não só pela nomeação do cargo. A liderança efetiva, portanto, é o ato levantar a bandeira e ir, sem duvidar de si mesmo.

Quando eu quero estabelecer a liderança efetiva, além da iniciativa e da autoconfiança – que são traços da personalidade –, eu preciso fazer a manutenção dos quatro tipos de poder para que as pessoas da equipe me vejam na figura de liderança: o **poder presumido** – entregue visualmente, seja por boas roupas, cabelos sempre cortados, bens materiais; o **poder por posição** – dado pelo cargo hierárquico da empresa; o **poder pela informação** – conferido pelas informações vindas diretamente da diretoria; e o **poder pelo conhecimento** – dado pela especialidade intelectual.

Um líder, portanto, precisa saber transitar por esses quatro tipos de poder e trabalhar a convicção para puxar para si a confiança dos liderados, evitando problemas como o "duplo comando", em que a equipe deposita em mais de uma pessoa o papel do líder.

A participação

Impacto

O lema de qualquer líder deve ser "**perto o bastante, longe o suficiente**" – uma frase minha que gosto de usar muito com meus clientes. Todo líder precisa saber impactar, seja com a sua postura, com o comando ou com o tipo de poder que demonstra para a equipe. Um líder deve ser impactante para ganhar e se apropriar socialmente dessa posição.

Uma das atitudes que um líder pode ter no dia a dia, para garantir esse impacto em cada um de seus liderados, é chamar os membros da equipe sempre pelo nome de preferência deles, criar jogos ou exercícios para descontrair com a equipe, saber contar momentos da vida em que não se deu bem, criar *storytellings* para passar mensagens e ser espontâneo para estabelecer vínculos afetivos com a equipe.

É preciso que você estabeleça, portanto, identificações por interesses com os liderados. Então, de fato, você precisa se interessar por algo novo que um colaborador relata, compartilhar com eles vivências parecidas ou contar causos da sua família que se aproximam daquilo que algum colaborador está passando.

Outra possibilidade é causar impacto por meio de eventos coletivos, como uma ida ao cinema, um almoço diferente, uma viagem, jogos fora do ambiente de trabalho, entre outras ações que promovam um relacionamento positivo dentro da equipe e benéfico para o ambiente de trabalho.

Você deve sempre usar estratégias que o deixem em uma hierarquia horizontalizada com o time, para que eles possam confiar em você e em seus comandos.

Sensibilidade

Para este tópico, mais uma vez repito: "**perto o bastante, longe o suficiente**" – fazendo com que você comece a internalizar esse meu jargão.

Um líder não pode ser alheio ao padrão de comportamento da equipe. Os seres humanos têm um padrão de comportamento, um estado comportamental neutro em que as emoções oscilam naturalmente, e nem sempre um desvio desse padrão será o mais feliz ou mais triste para que se torne patológico. Sendo assim, você não pode ignorar se há uma constante fuga do padrão de qualquer membro da sua equipe. É preciso notar o liderado, sempre com equilíbrio e mostrando que você está disposto a ouvi-lo sem o expor.

Além disso, é preciso fazer a regulação desse padrão com o time. Uma equipe sempre estressada não deve ser o padrão esperado, e, para fazer o ajuste desse comportamento, um líder pode periodicamente perguntar a opinião dos liderados acerca das metas, do clima do ambiente de trabalho, entre outros termômetros coletivos, que lhe permitam aproximar-se do time.

Liderar *com* a equipe e não liderar *a* equipe

Todas essas facetas da liderança que lhe apresentei até aqui, na verdade, compõem um novo modo de liderar. O liderar para o futuro.

Um líder que se põe em um pedestal no alto da hierarquia, que lidera com regras e imposições, que é intransigente, que é o único detentor dos saberes, que não se comunica nem participa, que não está disponível para seu time, não consegue mais se sustentar como um líder pós-moderno. Não há mais espaço para liderar **a** equipe.

A empresa do futuro tem líderes que lideram **com** a equipe. E você pode me perguntar: mas qual é a diferença? Bem, o espírito de liderança precisa permear todo o time e não apenas estar incutido em uma única pessoa. Afinal, no momento em que o líder não está e algo que era da responsabilidade dele precisa ser feito, decidido ou conduzido, como agir? Parar toda a operação? Não! Imediatamente um novo líder precisa emergir do grupo. É preciso entender que ninguém avança sozinho e, na medida em que um líder só é líder se tiver a quem liderar, deve-se fomentar nos membros da equipe o sentimento de grupo em que haja apoio mútuo.

Se todos precisam apoiar uns aos outros e ter a iniciativa de encabeçar pequenos procedimentos de liderança intraequipe – isto é, dentro da própria equipe –, é natural que a nova liderança descentralize o comando da operação ou de partes da operação. E, para que todos os membros da equipe estejam alinhados – "no mesmo pé", como costumamos dizer –, é natural que a comunicação e os processos sejam simplificados. Isso porque as prioridades, que precisam ser claras, sempre estarão voltadas a cumprir a tarefa, missão, meta ou seja lá o que foi pedido a esse time.

Não existe mais liderança isolada. Ou a liderança permeia e conduz todas as ações e interações do grupo, ou ela não conseguirá se consolidar no futuro.

O trunfo da liderança dos SEALs

Um bom exemplo de liderança com a equipe, aquela liderança efetiva que o futuro requer, é a colocada em prática pelos líderes dos *Navy SEALs*, a principal força de operações especiais da Marinha dos Estados Unidos que opera no mar (SEa), no ar (Air) e em terra (Land).

Os SEALs seguem aquilo que denominam "leis de combate" e se organizam seguindo seis verbos de ação centrais: **cobrir e mobilizar**; **simplificar**; **priorizar e executar**; **e descentralizar o comando**.[14] O que também se mostra essencial nessa tática é que tais diretrizes devem ser perseguidas não apenas pelos líderes, mas também pelos seus liderados, consolidando-se como uma liderança atemporal, humanizada e eficaz.

Cobrir e mobilizar

Todo grupo precisa ter subgrupos de apoio. É necessário que os membros de uma equipe saibam se revezar entre o momento de avançar e o de dar cobertura a quem precisa seguir adiante, pois ninguém sobrevive sozinho na

14 WILLINK, J.; BABIN, L. **Responsabilidade extrema**. Rio de Janeiro: Altabooks, 2021.

linha de ataque, nem mesmo o líder. E isso não só dentro de um mesmo time, é preciso que os líderes de equipes diversas da empresa saibam o momento de cooperar entre si, dando suporte a quem precisa perseguir a meta do seu núcleo e também do organismo inteiro.

Cobrir e mobilizar, portanto, é depender do outro e permitir que o outro dependa de você, entendendo que cada peça da empresa é fundamental para o sucesso do grupo, em uma alternância não só colaborativa, mas principalmente protetiva, em que um dá respaldo para que o outro avance ou coloque ações em prática. É, essencialmente, entender que, quando um vence, todos vencem e, quando um fracassa, todos fracassam juntos, sempre.

Simplificar

Simplificar para que tudo seja feito conforme o esperado e todos saibam para o que estão lutando ou, no nosso caso, trabalhando. A vida é repleta de sistemas complexos, nós somos organismos complexos, mas, no dia a dia, simplificamos uma série de ações que nos fazem agir, acordar, trabalhar, viver. A simplificação, portanto, é inerente à condição de viver e não seria diferente dentro do ambiente corporativo. É preciso que todos entendam perfeitamente para o que estão trabalhando, o que vão ganhar com isso e o que precisam fazer para que realmente ganhem com o trabalho. Sempre simplifique a comunicação e os processos ao máximo possível, para que não haja dúvidas do que precisa ser feito e por que precisa ser feito.

Priorizar e executar

Em um campo de batalha, o fogo cruzado é constante, e, nesses momentos, a atuação do líder se torna fundamental para qualquer tomada de decisão. Em situações como essas, que são o dia a dia da empresa, o princípio de qualquer líder deve ser saber priorizar para não sobrecarregar a si mesmo nem a equipe. Então, aprenda a avaliar o que é a prioridade, a comunicá-la de maneira rápida e concisa à equipe para que saibam o que devem focar no meio da turbulência e peça ajuda a outros líderes ou à equipe para encontrar a solução que acalme a ventania.

Além disso, já escutou o ditado "missão dada, missão cumprida"? Essa é a essência desse tópico. Sem desculpas, sem distrações, sem corpo mole. Aquilo que precisa ser feito deve ser feito. Como a ordem de execução nasce nesse ambiente de liderança em que um apoia o outro, em que todos têm iniciativa, em que se sabe o que fazer e por que fazer de modo claro e simples, não há desvios do objetivo final, que é executar a tarefa.

Descentralizar o comando

Essa informação também é essencial às autoridades que designam seus líderes e aos líderes que compartilham as decisões com a equipe. Primeiro, se o líder não demonstrar confiança para lidar com o dinâmico ambiente corporativo, os donos de negócios tenderão sempre a reter todo o controle possível. É preciso que haja confiança e espaço para que os líderes táticos possam atuar, mas também é preciso que estejam próximos aos níveis operacionais para que consigam ouvi-los e guiar sua equipe com certa convicção democrática.

Agora, basta liderar!

Não posso dizer a você que existe uma maneira certa ou errada de liderar, todos nós nos baseamos em modelos próprios que colecionamos ao longo da vida e que, hoje, norteiam a nossa ação. A presença de parâmetros é essencial para qualquer líder regular a sua atuação dentro da equipe, e, para isso, ele precisa estar sempre atento a si mesmo e à sua relação interpessoal.

Lembre-se de que a mudança começa de dentro para fora. Fortalecer-se vai também fortalecer seu time e criar um ambiente corporativo benéfico para todos. Isso demanda administração das emoções, controle dos impulsos, otimismo com a vida, boa análise de ambiente, empatia e autorreflexão, mas tenho certeza de que sua empresa precisa de você e de seu labor para crescer no futuro!

Construindo o futuro na prática

Um bom líder sabe administrar suas emoções, controla seus impulsos, tem uma visão otimista da vida, faz uma boa análise do ambiente, tem empatia, é eficaz e alcança pessoas. E, para que você saiba onde você está nisso tudo, apresento um dos instrumentos capazes de identificar essas habilidades. O Índice de Resiliência mostra como anda a nossa fortaleza interna, ou seja, a nossa capacidade de nos reerguermos diante das adversidades. Deixo aqui o questionário para você responder e trabalhar seu autoconhecimento como líder.

Índice de Resiliência
Desenvolvido por Cogni-MGR

Complete os 42 itens do questionário utilizando a escala: 1 nunca, 2 algumas vezes, 3 quase sempre, 4 sempre.

Exemplo:
Eu costumo pensar em como está minha saúde.
Quando essa afirmação é verdadeira:
☐ NUNCA ☐ ALGUMAS VEZES ☒ **QUASE SEMPRE** ☐ SEMPRE

A pessoa respondeu que, nesta questão, ela quase sempre (3) pensa na sua saúde.

1. Quando tento resolver um problema, eu acredito nos meus impulsos e escolho a primeira solução que me ocorre.
Quando essa afirmação é verdadeira:
☐ NUNCA ☐ ALGUMAS VEZES ☐ QUASE SEMPRE ☐ SEMPRE

2. Mesmo que eu pense antes sobre como ter uma discussão com meus amigos, pais, professores ou em meu ambiente de trabalho, eu ainda me vejo agindo de maneira "descontrolada".
Quando essa afirmação é verdadeira:
☐ NUNCA ☐ ALGUMAS VEZES ☐ QUASE SEMPRE ☐ SEMPRE

3. Eu me preocupo com o futuro da minha saúde.
Quando essa afirmação é verdadeira:
☐ NUNCA ☐ ALGUMAS VEZES ☐ QUASE SEMPRE ☐ SEMPRE

4. Consigo afastar qualquer coisa que me distraia das minhas tarefas.
Quando essa afirmação é verdadeira:
☐ NUNCA ☐ ALGUMAS VEZES ☐ QUASE SEMPRE ☐ SEMPRE

5. Se a minha primeira solução não funcionar, sou capaz de recuar e continuar tentando diferentes soluções até achar uma que funcione para resolver o problema.
Quando essa afirmação é verdadeira:
☐ NUNCA ☐ ALGUMAS VEZES ☐ QUASE SEMPRE ☐ SEMPRE

6. Eu sou curioso.
Quando essa afirmação é verdadeira:
☐ NUNCA ☐ ALGUMAS VEZES ☐ QUASE SEMPRE ☐ SEMPRE

7. Eu me vejo com pouca capacidade de aproveitar as emoções de maneira positiva e, com isso, dar mais atenção às minhas tarefas.
Quando essa afirmação é verdadeira:
☐ NUNCA ☐ ALGUMAS VEZES ☐ QUASE SEMPRE ☐ SEMPRE

8. Sou o tipo de pessoa que gosta de experimentar coisas novas.
Quando essa afirmação é verdadeira:
☐ NUNCA ☐ ALGUMAS VEZES ☐ QUASE SEMPRE ☐ SEMPRE

9. Prefiro fazer algo no qual me sinto confiante e relaxado a algo que é desafiador e difícil.
Quando essa afirmação é verdadeira:
☐ NUNCA ☐ ALGUMAS VEZES ☐ QUASE SEMPRE ☐ SEMPRE

10. Identifico as emoções que as pessoas estão expressando quando olho para seus rostos.
Quando essa afirmação é verdadeira:
☐ NUNCA ☐ ALGUMAS VEZES ☐ QUASE SEMPRE ☐ SEMPRE

11. Penso em desistir quando as coisas começam a dar errado.
Quando essa afirmação é verdadeira:
☐ NUNCA ☐ ALGUMAS VEZES ☐ QUASE SEMPRE ☐ SEMPRE

12. Quando surge um problema, penso em várias soluções possíveis antes de tentar resolvê-lo.
Quando essa afirmação é verdadeira:
☐ NUNCA ☐ ALGUMAS VEZES ☐ QUASE SEMPRE ☐ SEMPRE

13. Posso controlar o modo como me comporto quando estou diante de um problema.
Quando essa afirmação é verdadeira:
☐ NUNCA ☐ ALGUMAS VEZES ☐ QUASE SEMPRE ☐ SEMPRE

14. Quando ocorre um problema, estou atento aos primeiros pensamentos que surgem na minha cabeça sobre ele.
Quando essa afirmação é verdadeira:
☐ NUNCA ☐ ALGUMAS VEZES ☐ QUASE SEMPRE ☐ SEMPRE

15. Eu me sinto mais à vontade em situações em que não sou o único responsável.
Quando essa afirmação é verdadeira:
☐ NUNCA ☐ ALGUMAS VEZES ☐ QUASE SEMPRE ☐ SEMPRE

16. Prefiro situações nas quais eu possa depender mais da habilidade de outra pessoa, a depender da minha própria habilidade.
Quando essa afirmação é verdadeira:
☐ NUNCA ☐ ALGUMAS VEZES ☐ QUASE SEMPRE ☐ SEMPRE

17. Acho melhor acreditar que os problemas são controláveis, mesmo que nem sempre isso seja verdade.
Quando essa afirmação é verdadeira:
☐ NUNCA ☐ ALGUMAS VEZES ☐ QUASE SEMPRE ☐ SEMPRE

18. Quando surge um problema, penso cuidadosamente no que o causou, antes de tentar resolvê-lo.
Quando essa afirmação é verdadeira:
☐ NUNCA ☐ ALGUMAS VEZES ☐ QUASE SEMPRE ☐ SEMPRE

19. Gosto de fazer tarefas rotineiras, simples, que não mudam.
Quando essa afirmação é verdadeira:
☐ NUNCA ☐ ALGUMAS VEZES ☐ QUASE SEMPRE ☐ SEMPRE

20. Para mim, é difícil entender como as pessoas estão e como elas se sentem.
Quando essa afirmação é verdadeira:
☐ NUNCA ☐ ALGUMAS VEZES ☐ QUASE SEMPRE ☐ SEMPRE

21. Se alguém faz algo que me deixa chateado, sou capaz de esperar o momento certo, em que eu esteja mais calmo, para então discutir.
Quando essa afirmação é verdadeira:
☐ NUNCA ☐ ALGUMAS VEZES ☐ QUASE SEMPRE ☐ SEMPRE

22. Quando alguém tem uma reação descontrolada diante de um problema, simplesmente penso que ele deve estar de mau humor naquele dia.
Quando essa afirmação é verdadeira:
☐ NUNCA ☐ ALGUMAS VEZES ☐ QUASE SEMPRE ☐ SEMPRE

23. Espero fazer bem a maioria das coisas.
Quando essa afirmação é verdadeira:
☐ NUNCA ☐ ALGUMAS VEZES ☐ QUASE SEMPRE ☐ SEMPRE

24. Eu me sinto perdido quando tento entender as reações das pessoas.
Quando essa afirmação é verdadeira:
☐ NUNCA ☐ ALGUMAS VEZES ☐ QUASE SEMPRE ☐ SEMPRE

25. Minhas emoções afetam minha capacidade de manter a atenção no que precisa ser feito em casa, na escola ou no trabalho.
Quando essa afirmação é verdadeira:
☐ NUNCA ☐ ALGUMAS VEZES ☐ QUASE SEMPRE ☐ SEMPRE

26. Depois de terminar uma tarefa, eu me preocupo se alguém fará comentários negativos.
Quando essa afirmação é verdadeira:
☐ NUNCA ☐ ALGUMAS VEZES ☐ QUASE SEMPRE ☐ SEMPRE

27. Se alguém está triste, zangado ou com dificuldades, eu imagino o que ele possa estar pensando.
Quando essa afirmação é verdadeira:
☐ NUNCA ☐ ALGUMAS VEZES ☐ QUASE SEMPRE ☐ SEMPRE

28. Eu não gosto de novos desafios.
Quando essa afirmação é verdadeira:
☐ NUNCA ☐ ALGUMAS VEZES ☐ QUASE SEMPRE ☐ SEMPRE

29. Não me planejo antecipadamente para as minhas atividades, como o trabalho, a empresa ou os meus gastos.
Quando essa afirmação é verdadeira:
☐ NUNCA ☐ ALGUMAS VEZES ☐ QUASE SEMPRE ☐ SEMPRE

30. Eu vejo os desafios como uma maneira de aprender e me desenvolver.
Quando essa afirmação é verdadeira:
☐ NUNCA ☐ ALGUMAS VEZES ☐ QUASE SEMPRE ☐ SEMPRE

31. Dizem que interpreto mal os eventos e as situações.
Quando essa afirmação é verdadeira:
☐ NUNCA ☐ ALGUMAS VEZES ☐ QUASE SEMPRE ☐ SEMPRE

32. Quando me pedem que pense no meu futuro, acho difícil imaginar meu sucesso.
Quando essa afirmação é verdadeira:
☐ NUNCA ☐ ALGUMAS VEZES ☐ QUASE SEMPRE ☐ SEMPRE

33. Eu me distraio facilmente na leitura de um livro ou assistindo a um filme.
Quando essa afirmação é verdadeira:
☐ NUNCA ☐ ALGUMAS VEZES ☐ QUASE SEMPRE ☐ SEMPRE

34. Eu acredito no velho ditado: "melhor prevenir do que remediar".
Quando essa afirmação é verdadeira:
☐ NUNCA ☐ ALGUMAS VEZES ☐ QUASE SEMPRE ☐ SEMPRE

35. Na maioria das situações, acredito que identifico bem a verdadeira causa dos problemas.
Quando essa afirmação é verdadeira:
☐ NUNCA ☐ ALGUMAS VEZES ☐ QUASE SEMPRE ☐ SEMPRE

36. Acredito ter boa capacidade para enfrentar as coisas e reajo bem à maioria dos desafios.
Quando essa afirmação é verdadeira:
☐ NUNCA ☐ ALGUMAS VEZES ☐ QUASE SEMPRE ☐ SEMPRE

37. Eu me sinto mais à vontade em minha rotina diária.
Quando essa afirmação é verdadeira:
☐ NUNCA ☐ ALGUMAS VEZES ☐ QUASE SEMPRE ☐ SEMPRE

38. Acho importante resolver um problema o mais rápido possível, mesmo que isso signifique sacrificar o entendimento total do problema.
Quando essa afirmação é verdadeira:
☐ NUNCA ☐ ALGUMAS VEZES ☐ QUASE SEMPRE ☐ SEMPRE

39. Quando aparece uma situação difícil, eu sei que me sairei bem.
Quando essa afirmação é verdadeira:
☐ NUNCA ☐ ALGUMAS VEZES ☐ QUASE SEMPRE ☐ SEMPRE

40. Meus colegas e amigos me dizem que eu não escuto o que eles me falam.
Quando essa afirmação é verdadeira:
☐ NUNCA ☐ ALGUMAS VEZES ☐ QUASE SEMPRE ☐ SEMPRE

41. Se eu decido que quero algo, saio e compro imediatamente.
Quando essa afirmação é verdadeira:
☐ NUNCA ☐ ALGUMAS VEZES ☐ QUASE SEMPRE ☐ SEMPRE

42. Quando discuto um assunto difícil com um colega ou alguém da minha família, sou capaz de controlar minhas emoções.
Quando essa afirmação é verdadeira:
☐ NUNCA ☐ ALGUMAS VEZES ☐ QUASE SEMPRE ☐ SEMPRE

Resultado do Índice de Resiliência:
Agora, some sua pontuação como indicado no quadro a seguir.

Aspectos Positivos						Total	Aspectos Negativos						Total	Administração das Emoções (AdEm)
	+		+		=			+		+		=		
13		21		42			02		07		25			
Aspectos Positivos						Total	Aspectos Negativos						Total	Controle de Impulsos (CntImp)
	+		+		=			+		+		=		
4		14		34			11		29		41			
Aspectos Positivos						Total	Aspectos Negativos						Total	Otimismo com a Vida (OtmVd)
	+		+		=			+		+		=		
17		22		39			03		26		32			
Aspectos Positivos						Total	Aspectos Negativos						Total	Análise de Ambiente (AnlAmb)
	+		+		=			+		+		=		
12		18		35			01		31		38			
Aspectos Positivos						Total	Aspectos Negativos						Total	Empatia (Emp)
	+		+		=			+		+		=		
10		27		33			20		24		40			
Aspectos Positivos						Total	Aspectos Negativos						Total	Autoeficácia (AutEfic)
	+		+		=			+		+		=		
05		23		36			09		16		19			
Aspectos Positivos						Total	Aspectos Negativos						Total	Alcançar Pessoas (AlcPes)
	+		+		=			+		+		=		
06		08		30			15		28		37			

Para finalizar, transcreva os resultados totais dos aspectos positivos e negativos de cada fator. Subtraia a primeira coluna (aspecto positivo) da segunda coluna (aspecto negativo) e encontre o total referente a cada fator.

Fator	Aspecto positivo		Aspecto negativo		Total de cada fator
Administração das Emoções (AdEm)		–		=	
Controle dos Impulsos (CntImp)		–		=	
Otimismo com a Vida (OtmVd)		–		=	
Análise de Ambiente (AnlAmb)		–		=	
Empatia (Emp)		–		=	
Autoeficácia (AutEfic)		–		=	
Alcançar Pessoas (AlcPes)		–		=	

Perfil de competências de pessoas resilientes:
Agora monte o gráfico com os seus resultados.

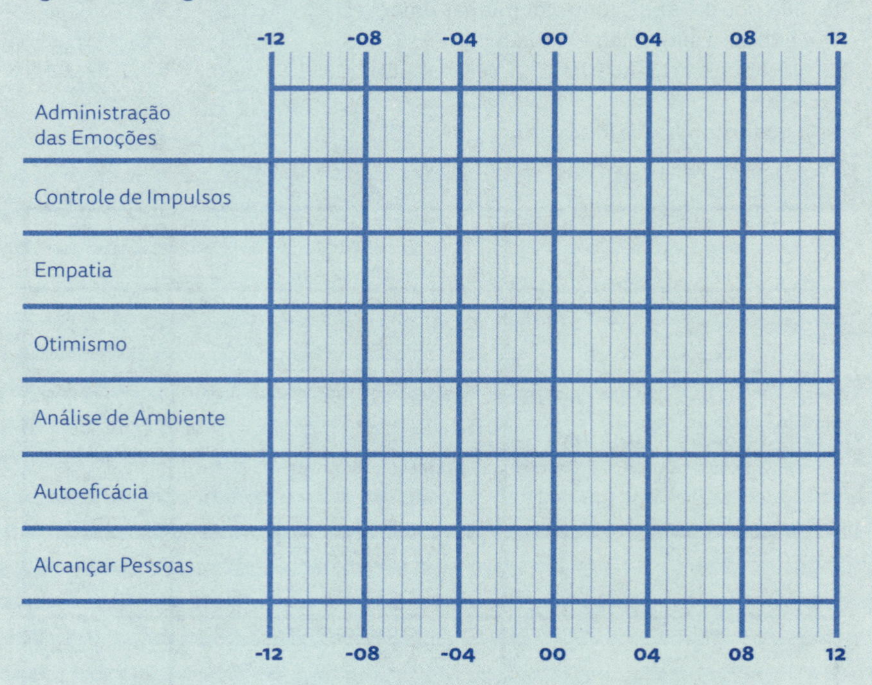

As pessoas mais resilientes têm menos variações no gráfico. E os líderes mais efetivos têm o traçado do seu gráfico concentrado (ou até mesmo restrito) às duas últimas colunas do quadrante. Como seu gráfico ficou configurado?

Capítulo 9

Camaleão ou borboleta: quem você escolhe ser?

A borboleta

Em 1975, Steven Sasson era um jovem engenheiro norte-americano com espírito empreendedor. Funcionário de uma gigante do seu setor, ele acabara de criar uma invenção para o mercado. E estava muito animado com isso! Afinal, ninguém havia, até então, pensado em algo tão sensacional como aquilo. O mundo todo vibraria com sua invenção – era o que ele imaginava.

Digno de uma invenção do Professor Pardal, Sasson criou seu protótipo a partir de uma mistura de peças: um gravador digital, uma câmera de vídeo Super-8, um conversor analógico-digital, além de outros componentes conectados com algumas placas de circuito. Era do mesmo tamanho de uma torradeira, pesava 3,5 kg e demorava vinte e três segundos para gravar uma imagem em fita cassete que podia guardar até trinta fotos em preto e branco com 0,01 megapixel. Aquilo era uma nova máquina fotográfica, e o pessoal do staff técnico com quem ele trabalhava simplesmente adorou!

Com a certeza de que sua invenção seria um sucesso, ele pediu um encontro com a diretoria da empresa para apresentar o invento. Era a oportunidade da vida. Ele sentia um misto de emoções: excitação pela novidade criada, uma ansiedade de já ver sua máquina sendo vendida em todas as lojas, o desejo de ser reconhecido dentro da empresa em que trabalhava por sua ideia disruptiva.

Com a empolgação inerente dos seus 25 anos, ele tirou, afoito, a câmera fotográfica **digital** da embalagem que havia feito para protegê-la e começou a explicar o que era, como funcionava e a tirar fotos e mais fotos. Os diretores que estavam naquela sala eram homens maduros – Steven achava.

Sua exposição animada, no entanto, foi interrompida com acenos secos e semblantes sérios: "Isso é fofo, mas não conte a ninguém sobre isso".

Foi um balde de água fria. Não só o alto escalão da empresa não demonstrou interesse na câmera digital, como pareceu desdenhar do futuro dela.

Eles não acreditavam no novo produto, tinham a certeza – burra – de que o mercado de filmes fotográficos era um império sólido o qual dominavam e nada poderia abalá-los ou destroná-los.

Mas eles mal sabiam o que o futuro lhes reservava.

Uma empresa confinada no passado: Kodak – um *case* de fracasso

Essa é a história da Kodak. Ela é a nossa borboleta. Demorou para se transformar e, logo após fazer isso, faliu, morreu para o mercado.

Possivelmente você já deve ter ouvido essa história, afinal, muito já foi contado sobre ela. Mas não podemos desdenhar dela e muito menos do seu exemplo – tanto para o bem, quanto para o mal. Pouquíssimo tempo depois de ter alcançado o ápice de 16 bilhões de dólares de receita em um único ano, empregar 170 mil funcionários, ter uma sede com 220 prédios e dominar 85%-90% do mercado, a Kodak se deparou com um mercado que foi tomado pela fotografia digital e faliu.

Sem dúvida, era uma empresa de sucesso. Mas achou que o sucesso daquele momento era a garantia de um sucesso infinito. Só que o mercado mudou: primeiro com as câmeras digitais, depois com os smartphones. As pessoas mudaram seus hábitos, já não imprimiam mais fotos, e sim as compartilhavam em redes sociais e aplicativos. E a Kodak não se abriu à mudança.

Mas a Kodak, que inventou a primeira câmera digital em 1975, não acreditava nessa nova tecnologia. Sua liderança não queria que nada que concorresse com seus produtos mais vendidos ganhasse investimento da companhia, apostava na sua estabilidade e no *statu quo*, pois, a seu ver, seus consumidores não se dobrariam a essas novas invenções. Descolada de seu tempo e do que acontecia no mundo, optou por não investir em tecnologia, em não se renovar. Achou que nada a tiraria do pedestal alto em que havia chegado. Estagnou. Em 2012, declarou falência.

Vítima de seu próprio sucesso e de uma liderança que não permitia ser contestada, a Kodak decidiu se prender ao passado e não olhar para o que o futuro lhe reservava. E assim foi simplesmente atropelada pelas novas tecnologias, pelos novos hábitos e pelas demandas do mercado, de uma maneira tão rápida que não houve mais tempo de reação ou salvação.

A história da Kodak nos traz a seguinte lição: não basta nascer inovadora, é preciso mudar sempre, se atualizar dia a dia, se adaptar constantemente, querer se desenvolver e evoluir observando o mercado e ouvindo os clientes.

Hoje em dia, escutamos sempre, aqui e ali, *cases* de sucesso, que nos inspiram, que nos fazem querer repetir seus feitos. Porém, em um exemplo às avessas, um *case* de fracasso como esse nos mostra muito do que não devemos fazer e, definitivamente, escancara diante dos nossos olhos a que ponto não queremos chegar. Afinal, ninguém quer ser a empresa do passado.

O camaleão

Uma linha laranja incandescente é vista por cima e ao longe, serpenteando rochas secas e negras. A fumaça densa que vem dali cega e arde os olhos. Nicolas Gaillard está caminhando naquele terreno inóspito, ele veste uma jaqueta impermeável laranja, mas ela não é certeza de proteção. Apesar da lava que escorre montanha baixo ali perto, faz frio. O céu nublado e a forte garoa se juntam à fumaça para atrapalhar a visão.

Desafios nunca são fáceis, mas eles sempre instigaram Nicolas. Ele nunca se sente à vontade em uma zona de conforto. É por isso que ele já havia enfrentado tormentas, escalado montanhas enormes, cruzado desertos, voado sobre áreas congeladas. Mas agora olhava para o alto e se via ali, em um novo desafio a ser vencido. Nicolas é um piloto de drones.

Um vulcão havia entrado em erupção na Islândia, a apenas 30 quilômetros da capital, Reykjavik. Em pouco tempo, aquele fio laranja entre o terreno preto tinha dominado a área. À medida que Nicolas se aproximava, o calor aumentava. O escuro das rochas mal se via, o brilho quase insuportável do mar de fogo que escorria dominava tudo. A respiração era difícil, e ele precisava usar uma robusta máscara de segurança com respiradores para purificar o ar que entrava em seus pulmões.

Nicolas não deixa a zona de conforto ser um fator que o limita, e está sempre buscando desafiar seus limites. É por isso que, dessa vez, ele havia deixado os drones de lado e decidido ir, ele mesmo, até um vulcão ativo.

Equipado, ao chegar a uma distância ainda segura, ele conectou seu celular em um drone e o guiou pelos ares, para analisar o cenário. Ventava muito. Ele nunca havia visto nada igual: era como um rio caudaloso... e incandescente. Impressionante e assustador ao mesmo tempo. O drone, porém, pode ver pelo homem, mas não pode sentir pelo homem. Por muito tempo, Nicolas havia deixado os drones serem seus olhos. Contudo, agora, aquilo não era suficiente. Era a vez de ele se lançar ao desafio.

Nicolas contatou especialistas locais, pessoas que estavam "acostumadas" a lidar com aquele terreno e as surpresas de um vulcão ativo. Foi preciso analisar as filmagens trazidas pelo drone em seu celular, aguardar o tempo melhorar um pouco para não colocar sua vida em risco, vestir equipamentos de proteção. Foi preciso se preparar, ter cautela e a serenidade de aguardar o momento certo para não pôr tudo a perder.

Havia chegado a hora: o som da terra estava rugindo, chamando por Nicolas. E ele atendeu ao chamado. Dessa vez, ele se lançou ao desafio e voou com seu parapente motorizado sobre o calor agressivo, o vento uivante, as ondas de lava gigantes. O medo e a emoção.

Ele fez o que ninguém nem nada poderia fazer por ele. Desafiou seus limites. Não apenas observou, mas agiu.

Uma empresa direcionada ao futuro: Xiaomi – um *case* de sucesso

Essa é a narrativa da peça de lançamento da campanha *#LiveForTheChallenge* [Viva pelo desafio] feita pela Xiaomi. No vídeo, Nicolas Gaillard representa a essência da Xiaomi, a filosofia do negócio e o posicionamento da marca. De fato, estar à frente de seu tempo, pensar com a cabeça do futuro, para garantir lá adiante seu lugar no mercado, é viver pelo desafio. Mais do que isso, é viver se desafiando a todo momento.

A ação de comunicação da Xiaomi serve como uma boa alegoria do que é a essência da companhia: ela não se acomoda em sua zona de conforto. Ao contrário, ela analisa, se prepara, usa a tecnologia a seu favor, aguarda o momento certo e então se lança ao desafio, acreditando que terá uma conquista incrível. A Xiaomi se transforma sempre para se manter viva e bem-sucedida.

A *tagline* da Xiaomi é "Sempre acredite que algo maravilhoso está prestes a acontecer". E, claro, se você se prepara, assim como a Xiaomi sempre fez ou como você faz agora aplicando o método **O Futuro Começa Agora**, se você evolui conectado a seu tempo, às demandas do mercado e ouvindo seus clientes, com certeza coisas maravilhosas, grandes conquistas acontecem.

A Xiaomi é uma das empresas de tecnologia com maior ascensão global. Fundada em 2010 por Lei Jun, na China, a partir da ideia de criar smartphones e melhorar a percepção mundial a respeito dos produtos feitos naquele país, conquistou consumidores aficionados por sua marca e seus produtos, alavancou vendas e dominou mercados em todo o mundo. Ela está em mais de oitenta países e apresenta números impactantes: entrou para o ranking da *Fortune* apenas nove anos após sua fundação; bateu recorde ao abrir, simultaneamente, quinhentas lojas na Índia; outro recorde surpreendente foi a venda de 2 milhões de smartphones em vinte e quatro horas, em uma ação em 2014; em 2023, conta com mais de 270 milhões de usuários da interface MIUI, já vendeu mais de 40 milhões de smartphones e 50 milhões de caixas de som inteligentes.

Com o mote de oferecer "tecnologia de qualidade acessível para todos", a Xiaomi sabe – assim como você também sabe agora – que uma das dores dos empresários é reter, gerir bem e estimular seu time. Por isso ela atua para ter uma equipe coesa, comprometida e que acredita no que produz, a qual compartilha da mesma busca incansável da perfeição, constantemente refinando e aprimorando seus produtos para criar a melhor experiência possível para o usuário e construir vínculos com ele – o que nos mostra a superação de mais uma das dores de todo negócio. Também são destemidos em se adaptar continuamente, em se reinventar dia a dia e, para isso, testam novas ideias e forçam seus próprios limites. A dedicação e a crença na inovação que a Xiaomi traz em seu cerne, juntamente com o apoio de seus colaboradores e seus consumidores – e muitas vezes esses papéis se fundem – são as forças motrizes de seu sucesso.

A empresa tem consciência do que precisa ser para reter talentos e sabe que o conceito que rege o futuro dos negócios é possibilitar o *estar* em vez do *ser* – isto é, seus colaboradores querem estar felizes onde trabalham, querem se sentir plenos, respeitados e ouvidos acima de qualquer coisa. E é justamente por entender isso que a Xiaomi nos revela que sua estrutura é incrivelmente plana, aberta e inovadora, "sem reuniões intermináveis. Sem processos longos. Nós fornecemos um ambiente amigável e colaborativo onde a criatividade é incentivada a florescer".

Como toda boa empresa do futuro, ela conhece o seu consumidor, e sabe que precisa construir vínculos com ele também e que, para isso, nada melhor que exceder expectativas constantemente por meio de inovações em software, hardware e serviços. Com esse foco, busca de modo incansável a perfeição para quebrar a tradição e ultrapassar fronteiras, garantindo que seus produtos permaneçam únicos e ofereçam uma experiência de usuário inigualável.

Inspire-se no *case* de sucesso que é a Xiaomi, seja uma empresa do futuro você também.

O camaleão se adapta o tempo todo e em qualquer ambiente. A lagarta se transforma uma única vez em borboleta e, então, morre.

Capítulo 10

O sucesso de hoje não significa o sucesso de amanhã

A diferença entre o fracasso e o sucesso pode ser tênue. Em um primeiro momento, podemos pensar que se trata apenas de sorte. Ou então de sair na dianteira com uma tecnologia. Ou mesmo depositar a glória ou inglória do destino em uma grande estrutura financeira. Mas, na verdade, a diferença entre o fracasso e o sucesso está na capacidade de se adaptar e no posicionamento de se abrir para aprender e evoluir, descobrindo como se adaptar da melhor maneira possível.

A questão é: o que a Xiaomi fez, na prática, de diferente da Kodak?

Posso lhe dizer que ela estabeleceu diretrizes conscientes para se direcionar a um futuro de sucesso. E como sei disso?

Se a Xiaomi ao redor do mundo se posiciona como uma empresa do futuro e vive sua hashtag #Inovaçãoparatodos, a Xiaomi Brasil não poderia ser diferente. Operando no país desde 2019, ela vai atrás de ferramentas para manter seu direcionamento ao futuro também no mercado brasileiro.

Para isso, o Head de tecnologia da marca no Brasil foi atrás de método e das ferramentas que você conheceu em *Negócios à prova do amanhã*. Ele teve contato com as ferramentas e os indicadores, bem como pôde aplicar as diretrizes de **O Futuro Começa Agora** e desenhar suas ações no GD, o Grupo Dirigido de Psicodinâmica Aplicada a Negócios que desenvolvo há mais de vinte anos.

Veja como as diretrizes do método **O Futuro Começa Agora** ficam evidentes no relato com que ele nos presenteou.

Um dos pontos que mais me surpreendeu foi ver o Nando como psicoterapeuta. Durante o Grupo Dirigido, ele conseguiu trazer desde a Biologia até a Psicologia, para nos mostrar como viemos ao mundo. E, a partir daí, desse olhar científico e humano, evidenciar situações, áreas e seguimentos com os quais temos mais facilidade para trabalhar.

Esse aprofundamento foi essencial para entendermos as bases do funcionamento de cada pessoa. Costumo dizer que durante a minha trajetória no **GD** [Grupo Dirigido de Psicodinâmica Aplicada a Negócios], eu absorvi quatro grandes pilares que resolveram a minha vida pessoal e a profissional. **O primeiro pilar** foi sobre o autoconhecimento. Nele, eu pude conhecer-me, conhecer como eu funciono, conhecer como analiso situações e como tomo decisões. **O segundo pilar** aprofundou o meu conhecimento sobre o funcionamento das outras pessoas, desde aquelas com quem convivo até aquelas com quem trabalho. **O terceiro pilar** foi a apresentação de métodos comprovados e a estruturação de novos conhecimentos. E **o quarto pilar**, aquele me trouxe mais resultados, foi a aplicação prática desses métodos unidos ao autoconhecimento e à empatia.

E, falando de resultados, lá na Xiaomi, eu consegui remodelar cada setor para que eles trabalhassem, de fato, em suas atividades específicas. Para isso, fizemos um novo mapeamento das responsabilidades efetivas de cada um dos setores, conseguimos alinhar, com todas as pessoas do time, o nosso objetivo e, assim, toda a equipe passou a atuar de fato no que deveria. Todos os nossos colaboradores deixaram de perder tempo em atividades diversas e passaram a focar o que realmente interessa.

Diretriz 1 do FCA: Contratar.
Diretriz 2 do FCA: Alocar.
Diretriz 5 do FCA: Conviver.
Inteligência emocional não é se adequar emocionalmente bem, e sim abrange a inteligência intrapessoal (eu comigo mesmo, entendo quem eu sou, minha diferença do outro e como estou hoje) e a interpessoal (entender o outro).

Diretriz 2 do FCA: Alocar.
Diretriz 5 do FCA: Conviver.
Eu entendo os outros, seu perfil, sua geração, e aprendo a lidar melhor com cada um deles e a desenhar minhas exigências e expectativas.

Diretriz 6 do FCA: Liderar e ser liderado.
Validação de competências e definição dos líderes situacionais necessários.

Diretriz 4 do FCA: Motivar e recompensar.
Sei como motivar adequadamente, para que minha equipe esteja sempre engajada e feliz.

Quando fizemos isso, imediatamente, vimos resultados mais expressivos e uma gestão mais equilibrada, com colaboradores motivados e sabendo para onde ir. Isso transformou a nossa empresa, percebemos que os processos se otimizaram, o dia a dia tornou-se mais saudável e o ambiente de trabalho, mais agradável e promissor.

Diretriz 3 do FCA: Treinar e resolver. Saber priorizar.

Diretriz 4 do FCA: Motivar e recompensar. Passa a ter menos mecanismos de defesa na equipe.

O Nando, como psicoterapeuta de negócios com conhecimentos aprofundados de Psicanálise, Psicologia e Neurociência, o notório saber em Empreendedorismo e formação em Administração de Empresas e com toda a sua experiência, pôde nos conhecer a fundo, identificar o funcionamento de cada um e dar feedbacks diretos e edificantes, com uma linguagem objetiva, para que conseguíssemos entender e melhorar o direcionamento das nossas energias. A partir do momento em que eu me conheci e consegui aplicar o conhecimento adquirido, tudo mudou. E mesmo assim, o Nando não soltou a nossa mão e continuou nos acompanhando e direcionando.

Então, com o apoio do método e dos feedbacks constantes, entrei em um ciclo sucessivo de sucesso e renovação.

Luciano Barbosa

Head de Tecnologia da Xiaomi Brasil, que liderou o retorno da marca ao país

O Grupo Dirigido de Psicodinâmica Aplicada a Negócios, mais conhecido como GD, é um programa de governança psicológica que realizo há mais de vinte anos. Ele consiste em acompanhar e orientar de 22 a 27 empresários e donos de negócios, durante nove meses em imersões de três dias por mês.

Nesse grupo, tudo sobre negócios e Psicologia pode e é discutido e orientado. Cada participante traz suas questões reais – e é justamente por isso que há um pacto de silêncio e de verdade entre o grupo. Assim como no consultório, tudo o que é dito ali, não sai do GD. Para participar de algumas das modalidades de GD, é preciso, muitas vezes, passar até por uma entrevista psicológica, além dos cinco testes – que dão subsídios para entender como foi a criação familiar do participante e como ele adentrou no mundo dos negócios.

No GD, apresento e manejo o triângulo da funcionalidade – vínculos afetivos, saúde mental e saúde psíquica – de cada participante. Assim, o GD causa não apenas uma transformação nos negócios de cada *gdista* – que é como chamamos cada participante –, mas também no seu autoconhecimento, no conhecimento do outro, em como ele passa a se portar e a aplicar a psicologia em todos os âmbitos de sua vida.

O Futuro Começa Agora é fruto do GD. As ferramentas e técnicas das diretrizes desse método vêm do conteúdo explicado e aplicado durante os encontros do GD, que, agora, apresento aqui de modo estruturado e sintetizado.

Se não tenho como ouvir cada uma das pessoas que lê este livro e não posso direcioná-la de maneira individualizada e de perto, como acontece no suporte dado durante o GD, sei que, ao menos, posso indicar um caminho a ser trilhado e lhe dar ferramentas para que você e o seu negócio não apenas cheguem e resistam ao amanhã, mas também se estabeleçam nele de modo sólido e bem-sucedido.

GD em números

Conheça o GD em números e entenda a potência do método **O Futuro Começa Agora** para transformar o seu negócio em uma empresa do futuro.

Todos os indicadores apresentados aqui foram coletados em uma pesquisa de avaliação aplicada em 2010-2011 com os participantes dos GDs ocorridos entre 2002 e 2009, para uma tese de Doutoramento – isto é, uma análise metodológica e comprovada cientificamente.

O comparativo a seguir nos mostra o impacto de profundidade do conhecimento e aplicação das ferramentas e dos processos que compõem o método **O Futuro Começa Agora** – quer dizer, tudo que os participantes colocaram em prática após aprenderem.

Os itens foram pontuados de 0 a 10 pelos participantes, sendo o "não aplicava/continuo não aplicando" e 10 "aplicava totalmente/passei a aplicar totalmente". Conheça alguns deles:

Sou capaz de gerar estímulos para alcançar mudanças de comportamento em colaboradores.

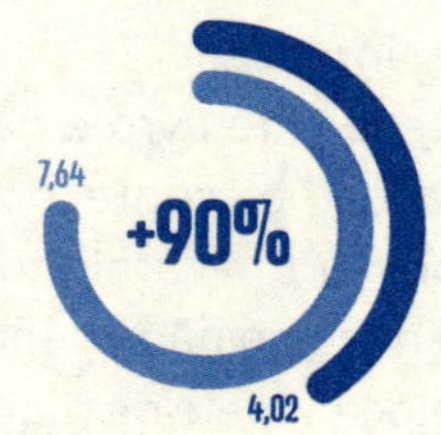

Administro situações de conflitos, defesas e resistências no ambiente de negócios e de gestão de pessoas.

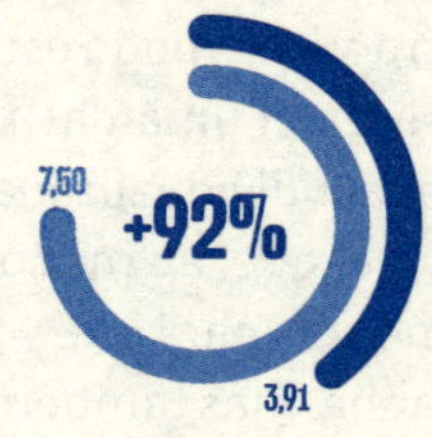

Dou e recebo feedback no ambiente de negócios e em funções de liderança.

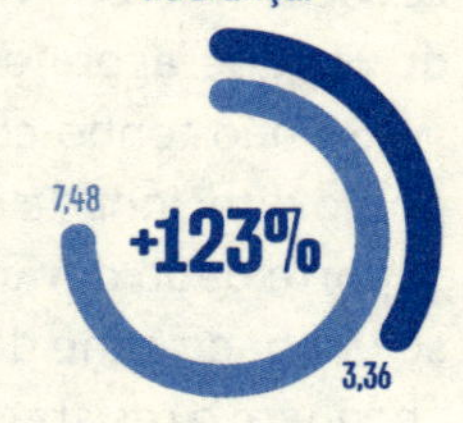

Sou capaz de agir conscientemente como modelo para meus colaboradores, com base nos conceitos de modelagem e aprendizagem vicária.

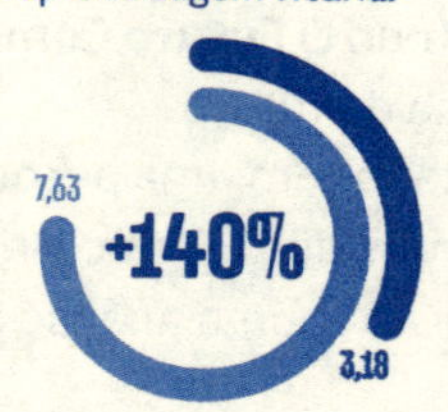

Utilizo a abordagem Caderno OR profissional a partir dos parâmetros de especificação, mensurabilidade e prazos.

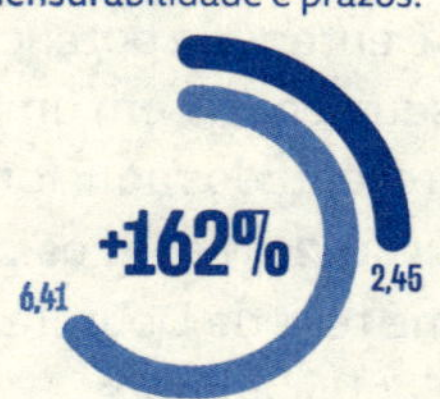

Identifico os principais mecanismos de defesa em mim mesmo e nos outros.

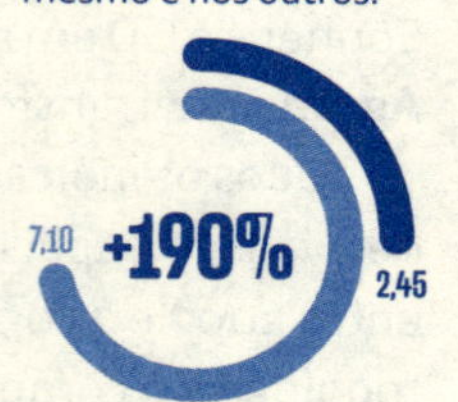

Analiso a conduta de gestão empreendedora, com base em diferentes parâmetros (iniciativa, risco e visão; estilo motivacional, base motivacional e lócus de controle).

Implemento cadeias de reforço (planos motivacionais endógenos ou exógenos) no ambiente de trabalho.

Realoco pessoas e funções com base na tipologia junguiana, com instrumento Indicador Tipológico COGNI-MGR.

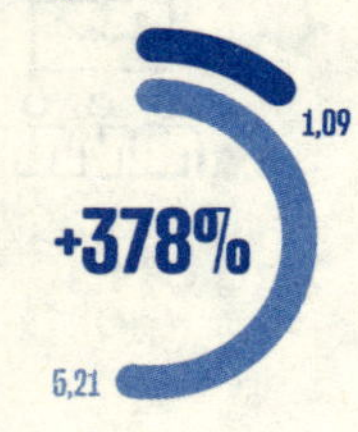

A pesquisa também analisou o impacto de amplitude do que foi aprendido nos GDs, quer dizer, quanto as ferramentas e os processos ensinados reverberaram na vida e nos negócios de quem seguiu o método, quanto esse participante levou e aplicou na vida dele.

Os itens foram pontuados de 0 a 10 pelos participantes, sendo 0 "não aplico" e 10 "aplico totalmente". Conheça alguns deles:

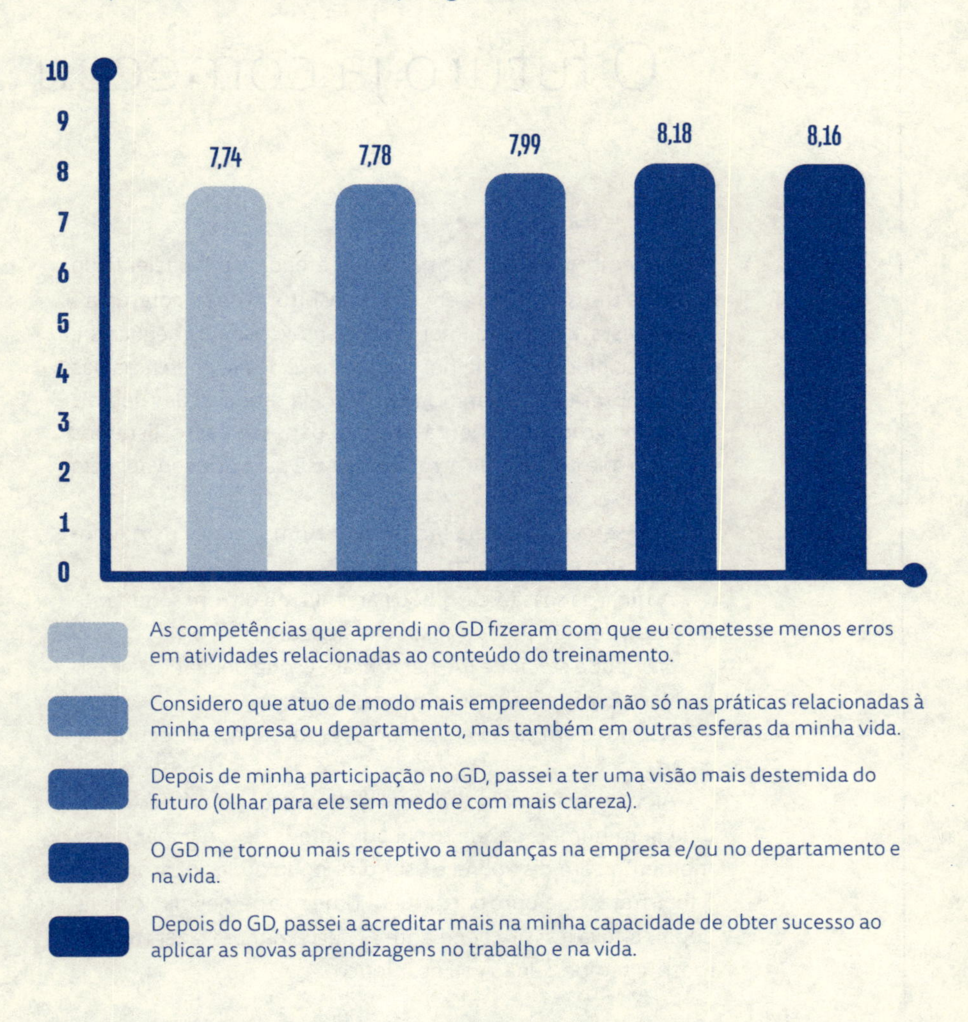

Só depende de você sentir esses resultados na sua vida e no seu negócio. Seu futuro começa agora. O sucesso do seu amanhã já começou a ser trilhado.

Conclusão

O futuro já começou

Eu me lembro de, há alguns anos, ter atendido um paciente do ramo de transportadora em meu consultório de psicoterapia.

Ele estava passando por uma grande crise nos negócios e havia decidido que a melhor opção era se desfazer de uma das suas empresas para garantir a existência saudável das demais firmas do grupo. Ao orientá-lo como dar esse passo, listamos juntos o que ele teria de arrumar na casa para que seu negócio pudesse ser vendido.

Não seria uma tarefa fácil. Haveria um grande custo emocional, físico e psicológico envolvido.

Ao final da sessão, ele olhou para mim e, com um semblante de pesar, deu um grande suspiro resignado.

Não pude evitar de lhe perguntar: "O que houve?".

"Jack Estripador", ele respondeu taxativo.

"Como assim, Jack Estripador?", perguntei já mal segurando o riso.

Ainda consternado, mas tentando se manter em certa medida bem-humorado, ele explicou: "Temos de funcionar neste momento com disciplina e usar o método do Jack Estripador. Sabe? Tratar o defunto por partes. Primeiro o pé, depois a canela, depois a coxa e assim por diante... Não vai dar pra fazer tudo ao mesmo tempo, senão vou ficar louco".

Sei que, depois de tomar conhecimento de todas as diretrizes do método **O Futuro Começa Agora**, sua cabeça deve estar a mil. São muitas informações para assimilar; muitas técnicas para colocar em prática.

Por isso, neste momento, quero sugerir a você, leitor, que faça tal qual meu paciente:

- Adote disciplina a todas as suas ações;
- E divida tudo por partes, focando uma a uma.

Tenha certeza: você já está no futuro.

Ao percorrer as diretrizes de **O Futuro Começa Agora**, você já passou a se preparar, já tem os conhecimentos para estabelecer uma cultura corporativa que habilite seu negócio a viver e superar os novos desafios com os quais vai se deparar daqui para a frente. Isso é se posicionar adiante e encarar o que está por vir.

Com a segurança de que você sabe o que fazer para ter uma equipe preparada, uma empresa estruturada em bases sólidas, um posicionamento flexível e aberto à adaptabilidade e o reconhecimento do valor que o aspecto humano traz ao seu negócio, quaisquer mudanças trazidas pelo futuro terão a possibilidade de serem vistas como etapas de um caminho próspero, como dádivas para uma trajetória ascendente de sucesso.

Você está apto a tirar proveito dos novos panoramas com a clareza de saber para onde está indo. Basta aderir às mudanças com que o futuro o presenteia. E você já sabe exatamente como fazer isso – e qual é a melhor maneira de fazer isso.

O futuro é humano

Hoje vemos o paradoxo da hibridez. E, enquanto vivermos esse paradoxo, no qual o mundo com suas novas tendências tenta separar os homens e colocá-los em bolhas, isolados uns dos outros, precisaremos lutar. Precisaremos estar remando contra essa maré e nos unirmos de verdade, no mundo real.

Mesmo com toda a tecnologia que nos cerca e que evolui mais e mais a cada dia que passa, se olharmos para as diretrizes de **O Futuro Começa Agora**, perceberemos que esse futuro – que às vezes muito nos amedronta – não está de fato alicerçado na tecnologia, nas máquinas. Obviamente dependemos delas para o nosso próprio desenvolvimento, para nos ajudar a produzir mais, para contribuir para uma maior qualidade de vida, seja no trabalho, seja fora dele. Tal qual Bill Gates também enfatizou em seu famoso TED Talks de 2015, precisamos que as pessoas ajam e se utilizem sabiamente das informações e tecnologias que têm à sua disposição. Um futuro bem-sucedido se concentra em pessoas.

É preciso nos reconhecermos como pessoas que vivem em inter-relação com outras pessoas: empresários, colaboradores, consumidores. Humanos que se posicionam nos vértices de um triângulo estabelecido por meio de credibilidade, consistência e confiança.

O propósito de ser uma empresa do futuro só consegue ser cumprido quando o negócio se dedica a aprimorar sua estrutura, a 1. contratar, 2. alocar, 3. treinar e resolver, 4. motivar e recompensar, 5. conviver e 6. liderar e delegar com excelência. E para fazer isso, não basta apenas implementar sistemas, aderir a tecnologias, comprar máquinas... é preciso olhar para si mesmo e para os seus. É preciso tocar nos valores existenciais – tanto nos da sua empresa, quanto nos de cada pessoa que orbita ao redor dela.

> **Os valores de uma empresa do futuro**
>
> *Desenvolvimento humano*
>
> Sensibilizar as pessoas que nos cercam – clientes, colaboradores e agentes terceirizados – a melhorarem seu comportamento. E isso deve ser feito por meio do nosso exemplo, pelo nosso comportamento.
>
> *Excelência*
>
> Garantir que toda entrega, realizada para os nossos *stakeholders*, surpreenda positivamente a expectativa.
>
> *Comprometimento*
>
> Comprometer-se com os acordos feitos e corresponder, no mínimo, à qualidade esperada, no tempo proposto e no custo negociado.
>
> *Soluções*
>
> Certificar-se de que cada situação vivida pelo colaborador seja direcionada para a busca de soluções viáveis e não guiada pela justificativa do problema.
>
> *Iniciativa*
>
> Agir de maneira proativa diante dos problemas encontrados no cotidiano e realizar novas ações para alcançar os objetivos traçados.
>
> *Sinergia*
>
> Potencializar ações individuais e aumentar os resultados do grupo.
>
> *Congruência*
>
> Comunicar-se com veracidade e transparência de pensamento e sentimentos, mantendo o foco na escuta ativa.

Valores do futuro, valores do sucesso

Cada empresa tem seus valores. Cada pessoa tem seus valores. E é importante que esses valores – de cada colaborador, da empresa e de seus consumidores – dialoguem entre si, convivam em harmonia, caminhem na mesma direção. Essa sintonia faz com que a empresa prospere, os colaboradores sintam-se felizes e realizados e os consumidores fiquem satisfeitos e se fidelizem à marca, ao produto, enfim, à empresa.

Saiba quem você é e o que você quer. Mas conheça também aqueles que o ajudam a construir e manter o seu negócio – seja produzindo, seja consumindo. Valorize aqueles que trabalham com você. Valorize aqueles que são fiéis à sua marca. Aqueles que estão dispostos a estarem do seu lado e a acompanharem você.

Seu negócio pode impactar a vida das pessoas. Seu negócio pode não apenas estar de pé no futuro, como também pode construir um futuro. Um futuro promissor, um futuro de valor.

Assim é uma empresa do futuro.

Bibliografia

ADIZES, I. **Os ciclos de vida das organizações**: como e por que as empresas crescem e morrem e o que fazer a respeito. 3. ed. São Paulo: Pioneira, 1996.

AGÊNCIA IBGE Notícias. Em 2019, expectativa de vida era de 76,6 anos. Estatísticas Sociais. **IBGE**. 20 nov. 2020. Disponível em: https://agenciadenoticias.ibge.gov.br/agencia-sala-de-imprensa/2013-agencia-de-noticias/releases/29502-em-2019-expectativa-de-vida-era-de-76-6-anos. Acesso em: 25 ago. 2023.

BANDURA, A.; AZZI, R. G. **Teoria social cognitiva**: diversos enfoques. Campinas: Mercado de Letras, 2021.

BAUM, J. R.; FRESE, M.; BARON, R. A. **The Psychology of Entrepreneurship**. London: LEA, 2012.

BAUM, W. M. **Compreender o behaviorismo**: ciência, comportamento e cultura. Porto Alegre: Artmed, 1999.

BERGAMINI, C. W. **Motivação nas organizações**. São Paulo: Atlas, 1993.

BERNHOEFT, R. **Como tornar-se empreendedor em qualquer idade**. São Paulo: Nobel, 1996.

BILL GATES: a próxima epidemia? Não estamos preparados. [*S. l.*: *s. n.*], 2015. 1 vídeo (8 min.). Publicado pelo canal TED. Disponível em: https://www.youtube.com/watch?v=6Af6b_wyiwI. Acesso em: 21 set. 2023.

BLEICHMAR, N. M.; BLEICHMAR, C. L. **A Psicanálise depois de Freud**: teoria e clínica. Porto Alegre: Artmed, 1992.

BÔAS, B. V. Desemprego cresceu 10,8% entre a primeira e a última semana de maio. **Valor Econômico**. 16 jun. 2020. Disponível em: https://valor.globo.com/brasil/noticia/2020/06/16/desemprego-cresceu-108percent-entre-a-primeira-e-a-ultima-semana-de-maio.ghtml. Acesso em: 20 jul. 2020.

BOMFIN, D. **Pedagogia no treinamento**: correntes pedagógicas no treinamento empresarial. Rio de Janeiro: Qualitymark, 1995.

CANÇADO, V. L.; MEDEIROS, N. L.; JEUNON, E. E. O profissional da informação: uma análise baseada no modelo de múltiplos papéis de Ulrich. **Perspectivas em Ciência da Informação**, v. 13, n. 2, p. 196-218, ago. 2008. Disponível em: https://doi.org/10.1590/S1413-99362008000200013. Acesso em: 20 set. 2023.

BIBLIOGRAFIA

CARDOSO, T.; MARTINS, M. C. F. **Escala dos Pilares da Resiliência (EPR)**. São Paulo: Vetor, 2013.

CHAUÍ, M. S. **O que é ideologia**. São Paulo: Brasiliense, 1994.

CHAPTER 5 contemporary theories of motivation integrating. Disponível em: https://pdf4pro.com/view/chapter-5-contemporary-theories-of-motivation-integrating-703434.html. Acesso em: 18 out. 2023.

DAMÁSIO, A. R. **O erro de Descartes**: emoção, razão e o cérebro humano. São Paulo: Companhia das Letras, 1994.

DAVIDOFF, L. L. **Introdução à Psicologia**. São Paulo: Makron, 1983.

DEPOIMENTO Luciano Barbosa – Head de Tecnologia Xiaomi do Brasil. [*S. l.*: *s. n.*], 2022. 1 vídeo (2 min.). Publicado pelo canal Nando Garcia Psi. Disponível em: https://www.youtube.com/watch?v=NKxeKMFm5As. Acesso em: 21 set. 2023.

DIMITRIUS, J.; MAZARELLA, M. **Decifrar pessoas**: como entender e prever o comportamento humano. São Paulo: Alegro, 2000.

DRUCKER, P. F. **Inovação e espírito empreendedor**: prática e princípios. São Paulo: Pioneira, 1994.

ENTENDA 6 desafios da gestão de diversidade nas organizações. **Top Employers Institute**. [*S. l.*], c2023. Disponível em: https://www.top-employers.com/pt-BR/insights/culture/entenda-6-desafios-da-gestao-de-diversidade-nas-organizacoes/. Acesso em: 21 set. 2023.

ESTANISLAU, G. M.; BRESSAN, R. A. **Saúde mental na escola**: o que os educadores devem saber. Porto Alegre: Artmed, 2014.

FADIMAN, J.; FRAGER, R. **Teorias da personalidade**. São Paulo: Harbra, 1986.

FAGUNDES, A. J. F. M. **Descrição, definição e registro do comportamento**. 10. ed. São Paulo: Edicon, 1997.

FILION, L. J. O planejamento do seu sistema de aprendizagem empresarial: identifique uma visão e avalie o seu sistema de relações. **Revista de Administração de Empresas**, São Paulo, v. 3, n. 31, p. 63-71, 1991.

FLACH, F. **Resiliência**: a arte de ser flexível. São Paulo: Saraiva, 1991.

FLANAGAN, J. C. A técnica do incidente crítico. **Arquivos Brasileiros de Psicologia Aplicada**. Rio de Janeiro, v. 25, n. 2, p. 99-141, abr./jun. 1973. Disponível em: https://periodicos.fgv.br/abpa/article/view/16975/15786. Acesso em: 21 set. 2023.

FREEMAN, A.; DATTILIO, F. M. **Compreendendo a terapia cognitiva**. São Paulo: Psy, 1998.

FREUD, S. **Cinco lições de psicanálise**: contribuições à psicologia do amor. Rio de Janeiro: Imago, 1997.

FREUD, S. **O Ego e o ID e outros trabalhos**. Rio de Janeiro: Imago, 1997.

FREUD, S. **Totem e tabu**. Rio de Janeiro: Imago, 1999.

GALLO, C. **Faça como Steve Jobs**. São Paulo: Lua de Papel, 2010.

GARCIA, L. F. **Empresários no divã**: como Freud, Jung e Lacan podem ajudar sua empresa a deslanchar. São Paulo: Gente, 2012.

GARCIA, L. F. **Formação empreendedora na educação profissional**: capacitação à distância de professores para o empreendedorismo. Florianópolis: UFSC/LED, 2000.

GARCIA, L. F. **Gente que faz**: manual prático para quem quer aprender os segredos dos grandes realizadores. 2. ed. São Paulo: Gente, 2006.

GARCIA, L. F. **O cérebro de alta performance**: como orientar seu cérebro para resultados e aproveitar todo o seu potencial de realização. São Paulo: Gente, 2013.

GARCIA, L. F. **Pessoas de resultados**: o perfil de quem se destaca sempre. 5. ed. São Paulo: Gente, 2003.

GARCIA, L. F.; OSÓRIO, L. C. **Mente, gestão e resultados**: como empreender e inovar no mundo dos gestores de pessoas. São Paulo: Gente, 2013.

GERBER, M. E. **O mito do empreendedor revisitado**: como fazer de seu empreendimento um negócio bem-sucedido. São Paulo: Saraiva, 1996.

GOLDRATT, E. M.; COX, J. **A meta**: um processo de aprimoramento contínuo. São Paulo: Educator, 1993.

GOMES FILHO, J. **Gestalt do objeto**: sistema de leitura visual da forma. São Paulo: Escrituras, 2000.

GOTTMAN, J.; DECLAIRE, J. **Inteligência emocional e a arte de educar nossos filhos**. São Paulo: Objetiva, 1997.

GUIMARÃES, A. As lições do bambu chinês. **Olhar Direto**, abr. 2019. Disponível em: http://www.olhardireto.com.br/artigos/exibir.asp?id=10696&artigo=as-licoes-do-bambu-chines. Acesso em: 18 ago. 2020.

GUIMARÃES, T. B. C. Análise epistemológica do campo do empreendedorismo. *In*: Encontro Nacional da Associação Nacional de Pós-Graduação e Pesquisa em Administração, 28, 2004, Rio de Janeiro, **Anais** [...]. Rio de Janeiro: ANPAD, 2004.

HARRIS, T. A. **Eu estou ok você está ok**: um guia prático para sua autoanálise. Rio de Janeiro: Artenova, 1973.

HERSEY, P.; BLANCHARD, K. **Psicologia para administradores**: a teoria e as técnicas da liderança situacional. São Paulo: EPU, 1992.

HORNADAY, J. A.; BUNKER, C. S. The nature of the entrepreneur. **Personnel Psychology**, Massachusetts, v. 23. n. 1, p. 47-54, 1970.

IONATA, P. **O céu dentro da mente**: nova abordagem da psicologia positiva. Vargem Grande Paulista: Cidade Nova, 2020.

BIBLIOGRAFIA

IPEA. A evolução do emprego setorial em 2020: quão heterogêneo foi o tombo entre os setores? **Carta de Conjuntura**, n. 48, 3º trimestre de 2020, 6 jul. 2020. Disponível em: https://www.ipea.gov.br/portal/images/stories/PDFs/conjuntura/200706_cc_48_mercado_de_trabalho_a_evolucao_do_emprego_setorial_em_2020.pdf. Acesso em: 20 jul. 2020.

JUNG, C. G. **Psicologia aplicada**. São Paulo: Prime, 2016.

KAHNEY, L. **A cabeça de Steve Jobs**. Rio de Janeiro: Agir, 2008.

KATZ, J. A. Education and training in entrepreneurship. *In*: BAUM, J. R.; FRESE, M.; BARON, R. A. (ed.). **The psychology of entrepreneurship**. New Jersey: Lawrence Erlbaum Associates Publishers, 2007. p. 209-235.

KELLY, P. K. **Técnicas para tomada de decisão em equipe**: saiba como conseguir os melhores resultados de sua equipe. São Paulo: Futura, 2000.

KERTÉSZ, R. *et al.* **Análise transacional**: uma nova técnica em Psicologia. Rio Grande do Sul: Sulina, 1974.

KLEIN, M. **Inveja e gratidão e outros trabalhos**. Rio de Janeiro: Imago, 1991.

LAPLANCHE, J.; PONTALIS, J. B. **Vocabulário da Psicanálise**. São Paulo: Martins Fontes, 1998.

LEITE, E. **O fenômeno do empreendedorismo**. Recife: Bagaço, 2000.

LEVY, R. B. **Só posso tocar você agora**. São Paulo: Brasiliense, 1974.

LOMBARD-PLATET, V. L. V.; WATANABE, M. O.; CASSETARI, L. **Psicologia experimental**: manual teórico e prático de análise do comportamento. 2. ed. São Paulo: Edicon, 1998.

MCCLELLAND, D. C. Business drive and national achievement. **Havard Business Review**, Cambridge, v. 40, n. 4, p. 99-112, 1962.

MCCLELLAND, D. C. **Estudio de la motivacion humana**. Madrid: Narcea, 1989.

MCCLELLAND, D. C. Testing for competence rather than for intelligence. **American Psychologist**, Cambridge, v. 28, n. 1, p. 1-14, 1973.

MCKEE, R. **Story**: substância, estrutura, estilo e os princípios da escrita de roteiro. Curitiba: Arte e Letra, 2017.

MCKINSEY & COMPANY. Diversity Matters: América Latina. Por que empresas que adotam a diversidade são mais saudáveis, felizes e rentáveis. **McKinsey & Company**, 2 jun. 2020. Disponível em: https://www.mckinsey.com/br/our-insights/diversity-matters-america-latina#/. Acesso em: 10 out. 2023.

MOSCOVICI, F. **Desenvolvimento interpessoal**: treinamento em grupo. Rio de Janeiro: José Olympio, 2002.

MOSCOVICI, F. **Equipes dão certo**: a multiplicação do talento humano. Rio de Janeiro: José Olympio, 1999.

NAOME, L. Focar apenas em representatividade não garante diversidade nas empresas. **CNN Brasil**: São Paulo, 2023. Disponível em: https://www.cnnbrasil.com.br/economia/focar-apenas-em-representatividade-nao-garante-diversidade-nas-empresas-diz-pesquisa/. Acesso em: 21 set. 2023.

OKAMOTO, J. **Percepção ambiental e comportamento**: visão holística da percepção ambiental na arquitetura e comunicação. São Paulo: IPSIS, 1997.

OSÓRIO, L. C. **A violência nossa de cada dia**: da aceitação contemplativa à indignação transformadora. Florianópolis: Gruppos, 2001.

OSÓRIO, L. C. **O enigma da esfinge**: o ponto de vista evolutivo em Psicanálise. Porto Alegre: Artmed, 1996.

OSÓRIO, L. C. **Psicologia grupal**: uma nova disciplina para o advento de uma era. Porto Alegre: Artmed, 2003.

PICKLE, H. B. **Personalidade e sucesso**: uma avaliação das características pessoais do gerente de sucesso de uma pequena empresa. Washington DC: SBA – Small Business Administration, 1964.

PIMENTEL, A. A teoria da aprendizagem experiencial como alicerce de estudos sobre desenvolvimento profissional. **Estudos da Psicologia**, v. 12, n. 2, p. 159-168, 2007.

PLATET, V. L. V. L. *et al.* **Psicologia experimental**: manual teórico e prático de análise do comportamento. São Paulo: Edicon, 1998.

PLURALISMO. *In*: DE MELLO FRANCO, J. R. **Houaiss UOL**. Disponível em: https://houaiss.uol.com.br/corporativo/apps/uol_www/v6-1/html/index.php. Acesso em: 25 ago. 2023.

PUENTE, B. Expectativa de vida sobe de 76,8 para 77 anos no Brasil, diz IBGE. **CNN Brasil**, 25 nov. 2022. Disponível em: https://www.cnnbrasil.com.br/nacional/expectativa-de-vida-sobe-de-768-para-77-anos-no-brasil-diz-ibge/. Acesso em: 25 ago. 2023.

RANGÉ, B. (Org.). **Psicoterapia comportamental e cognitiva**: pesquisa, prática, aplicações e problemas. Campinas: Editorial Psy, 1998.

RAPPAPORT, C. R.; FIORI, W. R.; DAVIS, C. **Teorias do desenvolvimento**: conceitos fundamentais. São Paulo: EPU, 1981. v. 1.

REIVICH, K.; SHATTÉ, A. **The resilience factor**: 7 essential skills for overcoming life's inevitable obstacles. New York: Broadway Books/Random House, 2002.

ROBBINS, H.; FINLEY, M. **Por que as equipes não funcionam**. Rio de Janeiro: Campus, 1997.

ROGERS, C. R. **Um jeito de ser**. São Paulo: E.P.U., 1986.

ROTTER, J. B. Generalized expectancies for internal versus external control of reinforcement. **Psychol Monogr**, v. 80, n. 1, p. 1-28, 1966.

RUSSELL, A.; BARKLER, R. **TDAH**: Transtorno do Déficit de Atenção com Hiperatividade. Belo Horizonte: Autêntica, 2013.

BIBLIOGRAFIA

RUSSELL, A.; BARKLEY, R.; BENTON, C. M. **Vencendo o TDAH adulto**: Transtorno de Déficit de Atenção/Hiperatividade. Porto Alegre: Artmed, 2023.

SABBAG, P. **Resiliência**: competência para enfrentar situações extraordinárias na sua vida profissional. São Paulo: Elsevier, 2012.

SANDLER, J. **Projeção, identificação, identificação projetiva**. Porto Alegre: Artmed, 1989.

SCHULTZ, D. P.; SCHULTZ, S. E. **História da Psicologia moderna**. 12. ed. São Paulo: Cultrix.

SEGREDOS DA XIAOMI NO BRASIL. [*S. l.*: *s. n.*], 2022. 1 vídeo (68 min.). Publicado pelo canal Nando Garcia Psi. Disponível em: https://www.youtube.com/watch?v=quBJvw9HxRg. Acesso em: 21 set. 2023.

SIDMAN, M. **Coerção e suas implicações**. Campinas: Livro Pleno, 2003.

SILVA, A. B. B. **Mentes inquietas**: entendendo um pouco melhor o mundo das pessoas distraídas, impulsivas e hiperativas. São Paulo: Gente, 2003.

SKINNER, B. F. **Ciência e comportamento humano**. São Paulo: Martins Fontes, 1998.

SKINNER, B. F. **Sobre o behaviorismo**. São Paulo: Cultrix, 2011.

SOBRE NÓS. **Xiaomi**. [*S. l.*], c2023. Disponível em: https://www.mi.com/br/about/. Acesso em: 21 set. 2009.

Statista – the statistics portal. Disponível em: https://www.statista.com/. Acesso em: 18 out. 2023.

TELLEGEN, T. A. **Gestalt e grupos**: uma perspectiva sistêmica. São Paulo: Summus, 1984.

TICHY, N. M.; COHEN, E. **O motor da liderança**: como as empresas vencedoras formam líderes em cada nível da organização. São Paulo: Educator, 1999.

TIMMONS, J. A.; JUNIOR, S. S. **New venture creation**: entrepreneurship for the 21st century. New York: McGraw Hill, 2008.

WHAT is motivation? Early theories of motivation contemporary theories of motivation integrating contemporary theories of motivation caveat emptor: **Motivation theories are culture bound**. Disponível em: http://www.rim.edu.bt/wp-content/uploads/2014/09/OBCDCH056.pdf. Acesso em: 18 out. 2023.

WILLINK, J.; BABIN, L. **Responsabilidade extrema**: como os Navy Seals lideram e vencem. Rio de Janeiro: Alta Books, 2021.

#LIVEFORTHECHALLENGE – Viva pelo desafio com a série Redmi Note. [*S. l.*: *s. n.*], 2021. 1 vídeo (3 min.). Publicado pelo canal Xiaomi Brasil. Disponível em: https://www.youtube.com/watch?v=FsKs_RpDk1k&list=PLOYeUZBoUHxDVcWkRBvm9orOhwHFnxhq4&index=5. Acesso em: 21 set. 2023.

Este livro foi impresso
pela Gráfica Rettec
em papel pólen bold 70 g/m²
em novembro de 2023.

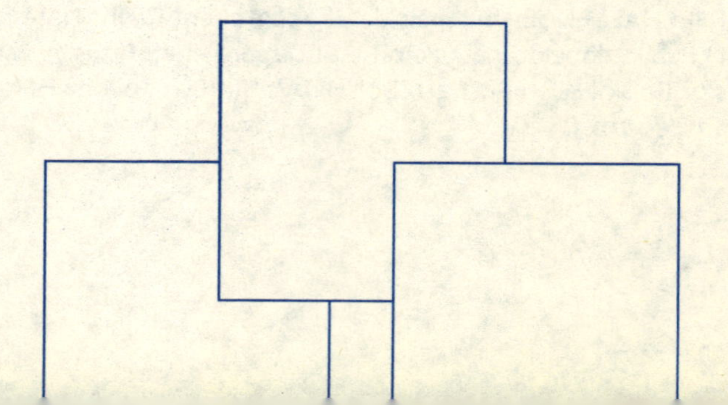